Ullstein

ÜBER DAS BUCH:

»Wer Geld hat kauft Aktien – wer kein Geld hat Immobilien.« Mit dieser Aussage bringt der Autor seine Empfehlungen auf den Punkt. Kaum jemand wird sich ein Haus oder eine Eigentumswohnung mit eigenem Geld kaufen. Immobilien werden überwiegend finanziert, nicht zuletzt auch wegen der Steuervorteile. Im Börsengeschäft ist die Situation genau umgekehrt.
Der Aktienkauf ist der Mehrzahl der Deutschen immer noch suspekt. Daran ändert auch die Börseneinführung der Telekom-Aktien nicht viel. Dieser Ratgeber zeigt dem Leser den Weg, wie er auch mit wenig eigenem Geld ein Vermögen mit Aktien oder Immobilien aufbauen kann.

DER AUTOR:

Heinz Weiler ist ein Mann der Praxis. Der gebürtige Schwabe ist seit über 20 Jahren Mitinhaber einer Stuttgarter Immobilienfirma. Er hat in dieser Zeit selbst Hunderte von Grundstücken, Häusern und Eigentumswohnungen verkauft. Nach dem Motto: »Geld ist nicht alles, es gehören auch noch Immobilien und Aktien dazu« gründete er Anfang der 80er Jahre den Stuttgarter Aktien-Club. Aus der ursprünglichen Mitgliederpostille »Börse Aktuell« entwickelte sich inzwischen einer der auflagenstärksten Börseninformationsdienste Deutschlands.

Stuttgarter Aktien-Club

Aktien oder Immobilien?

Anlagestrategien der Profis

Ullstein

Ullstein Buchverlage GmbH,
Berlin
Taschenbuchnummer: 35728

Aktualisierte Neuausgabe
November 1997

Umschlaggestaltung:
P & K Werbeagentur, Esslingen

Printed in Germany 1997
Gesamtherstellung:
Ebner Ulm
ISBN 3 548 35728 8

Die Deutsche Bibliothek –
CIP-Einheitsaufnahme

Aktien oder Immobilien? :
Anlagestrategie der Profis /
Stuttgarter Aktien-Club. –
Aktualisierte Neuausg. –
Berlin : Ullstein, 1997
(Ullstein-Buch ; Nr. 35728)
ISBN 3-548-35728-8

Inhalt

Teil II: Immobilien

Vorwort

Warum sind die Deutschen Weltmeister im Sparen, nicht aber im Anlegen? Der Umgang mit Geld wird an keiner Schule gelehrt. Kein Wunder, daß die Kenntnisse über die Vor- und Nachteile von Kapitalanlagen bei den meisten Bundesbürgern deshalb sehr lückenhaft sind. Dabei gelten die Deutschen als Weltmeister im Sparen. So haben sie zur Zeit rund 4 Billionen Mark – mit anderen Worten: 4000 Milliarden Mark – auf der hohen Kante. In keinem anderen Land der Welt schlummert so viel Geld auf Sparbüchern wie hierzulande.

Bei der Beratung durch Banken, Sparkassen, Bausparkassen, Lebensversicherungen, Investmentfonds oder Immobilienverkäufer steht das Kundeninteresse leider nicht an erster Stelle. Jeder dieser Berater unterliegt fast immer eigenen Umsatzzwängen. Objektive Empfehlungen sind deshalb schwer zu erhalten.

Aus diesem Grund empfiehlt sich dieses Buch als unabhängiger Wegweiser. Geschrieben habe ich es vor allem für solche Leser, die »voll im Leben stehen« und deshalb in der Lage sind, die Weichen für ihre persönliche Finanzplanung noch zu stellen. Gerade weil die gesetzliche Altersversorgung immer unsicherer wird, ist die private Vermögensbildung immer wichtiger.

Mich überrascht es immer wieder, daß oft sogar Menschen in hochdotierten Positionen Mühe haben, die Vor- und Nachteile der unterschiedlichen Kapitalanlagen zu erkennen. Deshalb ist es nicht verwunderlich, daß allein aufgrund der Schlagzeile »Steuern sparen« Milliardenbeträge in riskante Anlagen investiert werden.

Die Leser, die sich zu den Erfahreneren im Umgang mit Geld zählen, bitte ich um Nachsicht. Manche Ausführungen sind etwas weitläufiger, weil das Buch für einen breiten Leserkreis gedacht ist. Sowohl die erfahrenen wie die noch unerfahrenen Anleger werden jedoch bemerken, daß ich in diesem Ratgeber zwar wenig Theorie, aber viel praktische Erfahrung vermittle.

Teil I: Aktien

Warum besitzen in Deutschland so wenig Menschen Aktien?

Woran liegt es, daß von 100 erwachsenen Bundesbürgern nur 6 Personen Aktien besitzen? Warum investieren die restlichen 94 ihre Spargroschen lieber in Lebensversicherungen, Bausparverträge, festverzinsliche Anlagen oder immer noch in das gute alte Sparbuch?

Dabei hat sich diese Zahl in den letzten Jahren sogar erhöht. Statt früher 5 Prozent besitzen jetzt 6 Prozent der Bundesbürger Aktien. Der Grund für diese Steigerung war die gewaltige Werbung der Telekom anläßlich der Einführung ihrer Aktie an der Börse im Jahr 1996.

Dennoch ändert dies nichts daran, daß die meisten Deutschen die Geldanlage in Aktien immer noch als Risiko einstufen und niemals ihr gesamtes Vermögen in Aktien anlegen würden.

Machen Sie selbst einmal einen Test und fragen Sie in Ihrem Bekanntenkreis ganz konkret, was jeder einzelne von Aktien hält. In fast allen Fällen werden Sie Antworten bekommen wie: »Riskante Angelegenheit«, oder: »Da kann man viel verlieren.« Meist besitzen die Befragten selber keine Aktien und stützen ihre Meinung entweder auf Presseberichte oder auf Erzählungen anderer Anleger, die mit Aktien einmal Geld verloren haben.

Selbst mancher Bankberater runzelt auch heute noch die Stirn, wenn Sie als Anfänger die Absicht äußern, Ihr Geld künftig in Aktien zu investieren. Häufig wird der Berater versuchen, Ihnen statt der direkten Aktienanlage einen Investmentfonds schmackhaft zu machen.

Sind Aktien als Anlage tatsächlich so riskant, wie die meisten glauben? Was hat es mit den Statistiken auf sich, denen zufolge Aktien im Vergleich zu anderen Anlagen die erfolgreichste Anlageform sind? Sind diese Statistiken falsch, oder wo liegt sonst der Grund für diesen großen Widerspruch?

Aktie ist nicht gleich Aktie

Wer sich entschlossen hat, ins Aktiengeschäft einzusteigen, tut dies fast immer erst einmal mit einem kleinen Betrag. Dagegen ist grundsätzlich nichts einzuwenden, und dennoch ist dies bereits eine der Ursachen für den späteren Mißerfolg.

Wer »nur ein paar Mark« an der Börse einsetzt, will meist keine Allianz-, BASF- oder Commerzbank-Aktien kaufen. Diese gelten als langweilig. Schließlich kann man mit solchen Papieren erfahrungsgemäß nur 10 oder 20 Prozent Gewinn pro Jahr erwarten. Als frischgebackener Börsianer will man jedoch keine 10 Prozent Gewinn jährlich, sondern mindestens monatlich, besser noch jede Woche. Also wird der Kurszettel nach solchen Aktien abgesucht, die besonders große Chancen bieten.

Wie überall, so gilt auch an der Börse der Grundsatz: »Je größer die Chance, desto höher auch das Risiko.« Gerade der Börsenneuling sucht sich deshalb meist besonders riskante Aktien aus, weil er bei diesen Papieren die Möglichkeit sieht, seinen Einsatz innerhalb kurzer Zeit zu vervielfachen. Das Risiko, den gesamten Einsatz zu verlieren, will er nicht wahrhaben. Gerade bei den riskanten Aktien kommt es dann jedoch häufig nicht zur erhofften Kursrallye, sondern erst einmal zu einem Kursrückgang. Besonders der Börsenneuling wird schnell nervös, spätestens dann, wenn der Ehepartner den Depotauszug zu Gesicht bekommt. Irgendwann verliert er die Nerven oder die Geduld und entschließt sich, das Börsenabenteuer mit Verlust zu beenden. Schon hat sich der Kreis der Börsianer wieder um jemanden vermehrt, der künftig vom hohen Risiko einer Anlage in Aktien berichtet. In Wirklichkeit hat eine solche Spekulation jedoch nichts mit einer regulären Aktienanlage zu tun, eher mit einem Spielbankbesuch.

Welche Anlagestrategie ist am erfolgreichsten?

Getreu dem Sprichwort: »Viele Wege führen nach Rom« gibt es auch im Börsengeschäft verschiedene Strategien zum Börsenerfolg. So unterschiedlich, wie die Menschen sind, so verschieden ist auch deren Anlagementalität.

Der erste große Unterschied zeigt sich bereits am Anlagezeitraum. Ein Unternehmer im Ruhestand, der gerade seinen Betrieb für ein paar Millionen Mark verkauft hat und diesen Erlös in Aktien anlegt, bevorzugt in der Regel eine langfristige Strategie. Er investiert eher in Aktien mit regelmäßiger Dividendenzahlung, um damit seinen Lebensunterhalt zu finanzieren. Dagegen wird beispielsweise ein Student mit ein paar tausend Mark Eigenkapitel normalerweise den kurzfristigen Kursgewinn suchen und nicht viel Gedanken an die Dividendenauszahlung verschwenden.

Ich werde Ihnen in diesem Ratgeber verschiedene Strategien vorstellen, die jeder Anlagementalität entsprechen. Gleichgültig, für welche Methode Sie sich auch entscheiden, der wichtigste Grundsatz lautet in jedem Fall: Verluste vermeiden!

Worin besteht das Risiko einer Aktienanlage?

Was muß eigentlich passieren, damit man mit einer Aktie einen Totalverlust erleidet? Ist so etwas überhaupt möglich, und wie oft kommt dies vor? Die Antwort ist einfach: Bei einer Aktie handelt es sich bekanntlich um eine Beteiligung an dem jeweiligen Unternehmen. Eine Aktie wird deshalb nur dann wertlos, wenn das betreffende Unternehmen ebenfalls »wertlos« wird, das heißt in Konkurs geht.

Wie kann man sich vor einem solchen Totalverlust schützen? Auch dies ist einfach: Der Konkurs einer Aktiengesellschaft kommt selten von heute auf morgen. Der wichtigste Rat im Aktiengeschäft heißt deshalb: Finger weg von Aktien, bei denen ein solches Risiko droht. Bei sämtlichen Aktiengesellschaften, die in den letzten Jahren in Konkurs gingen, hat sich dies lange vorher abgezeichnet. Kein einziger Aktionär wurde deshalb davon überrascht, sondern hatte monate-, oft sogar jahrelang die Möglichkeit, sich von seinen Papieren zu trennen.

Kann man Aktien von konkursgefährdeten Unternehmen überhaupt noch verkaufen? Keine Angst, liebe Leser: Käufer für solche Aktien gibt es mehr als genug. Viele Anleger suchen sogar absichtlich das Risiko. Sie sagen sich: Schafft die Firma die Wende, dann winken besonders große Gewinne. Ab und zu geht diese Rechnung auf, meist endet eine solche Spekulation jedoch mit dem Totalverlust. Die Liste der Fälle, bei denen es zum Konkurs kam, ist lang: der Computerhersteller Commodore, die Fluggesellschaft PanAm, der Flugzeugbauer Fokker, die Maschinenfabriken Deckel-Maho und Traub, der Computerhändler Escom, der Textilhersteller Nino, der Milcherzeuger Sachsenmilch, die Bremer Vulkan-Werft usw.

Mein erster Rat heißt deshalb: Für Aktien von Unternehmen, bei denen die Möglichkeit eines Konkurses besteht, gilt ein striktes Kaufverbot. Sollen Sie solche Titel bereits im Depot besitzen, müssen diese sofort verkauft werden, unabhängig, ob Sie mit dieser Aktie gerade im Plus oder im Minus liegen. Aktien von Konkurskandidaten sind nichts für Anleger, sondern nur für sogenannte »Zocker«. Zum Zeitpunkt der Manuskripterstellung für dieses Buch gehörten hierzu beispielsweise Titel wie Euro-Disney, Euro-Tunnel, Döris Scharmann, NAK-Stoffe, Maschinenfabrik Pittler, Schichau-Werft usw. Wer Aktien von konkursgefährdeten Unternehmen meidet, der geht dem größten Risiko einer Aktienanlage bereits aus dem Weg: dem Totalverlust.

Sind Auslandsaktien riskanter als deutsche Aktien?

Nicht nur Neulinge, sondern auch »alte Hasen« im Börsengeschäft sind felsenfest davon überzeugt, daß der Kauf deutscher Aktien eine sicherere Sache sei als der Kauf von Auslandsaktien. Wie kommt eine solche Ansicht überhaupt zustande?

Der Grund liegt auf der Hand. Firmen wie Daimler-Benz, Siemens, Deutsche Bank, BASF oder Volkswagen sind einem einfach vertrauter als die meisten ausländischen Unternehmen. Jede größere Tageszeitung liefert die neuesten Informationen über unsere heimischen Firmen. Man kennt ihre Produkte und schließt daraus, daß der Kauf solcher Aktien risikoloser sei. Wenn ein Amerikaner, Engländer, Franzose oder Japaner genauso dächte, dann wären für ihn die Aktien »seines« Landes die beste Anlage. Man muß die Qualität einer Aktie jedoch objektiv beurteilen. Es kann ja nicht sein, daß eine Siemens-Aktie für den deutschen Anleger gut und für einen Amerikaner riskant ist. Wenn Siemens ein gutes Unternehmen mit einer erfolgreichen Kursentwicklung ist, dann ist eine Anlage in diesem Unternehmen für jeden Anleger eine gute Entscheidung.

Ebenso verhält es sich bei Auslandsaktien. Der bekannteste und größte amerikanische Konzern in der Elektrobranche ist General Electric. Wenn es richtig ist, daß es sich hierbei um ein erfolgreiches Unternehmen mit erfreulicher Kursentwicklung handelt, dann muß dies für einen deutschen wie für einen amerikanischen Anleger gleichermaßen gelten. Von einem steigenden Aktienkurs profitiert schließlich nicht nur der inländische Aktionär, sondern auch jeder andere Aktionär, gleichgültig, an welchem Platz der Welt dieser lebt. Wählen Sie Ihre nächsten Aktien deshalb nur noch nach objektiven Kriterien aus. Dazu gehört vor allem die Geschäftsentwicklung, nicht aber der Sitz des Unternehmens.

Siemens (Deutschland) contra General Electric (USA)

Am Beispiel dieser beiden weltbekannten Elektrokonzerne möchte ich verdeutlichen, wie unterschiedlich die Kursentwicklung selbst bei Aktien aus derselben Branche ausfallen kann.

Ein deutscher Anleger, der sich vor 10 Jahren entschlossen hat, in sein Depot die Aktie eines Unternehmens aus der Elektro- bzw. Elektronikbranche aufzunehmen, hatte damals wie heute die Wahl zwischen der heimischen Nummer eins, der Siemens-Aktie, und General Electric, dem größten US-Konzern.

Wie sah die Situation bei diesen beiden Elektrokonzernen vor 10 Jahren aus? Die Fakten sind schnell erklärt: Siemens galt damals wie heute als erstklassiger Blue Chip, hatte jedoch einen Nachteil: Die Kursentwicklung war nicht besonders beeindruckend. Der Kursverlauf wies starke Schwankungen auf, und in manchen Jahren bewegte sich die Aktie kaum von der Stelle. Ganz anders die Situation bei General Electric: Der Aktienkurs des US-Unternehmens beeindruckt seit Jahrzehnten durch seine kontinuierlichen jährliche Kursgewinne. Oder einfacher ausgedrückt: eine Entwicklung wie im Bilderbuch, von links unten nach rechts oben.

Beim reinen Kursvergleich dieser beiden Aktien hätte man deshalb bereits vor 10 Jahren der General-Electric-Aktie vor Siemens den Vorzug geben müssen. Wenn ein Unternehmen über Jahrzehnte hinweg kontinuierliche Kursgewinne schafft, dann spricht dies für ein extrem erfolgreiches Management. Die Wahrscheinlichkeit ist groß, daß ein solches Unternehmen auch in Zukunft erfolgreich sein wird.

Da unserem deutschen Anleger damals der Name »Siemens« vertrauenserweckender erschien als »General Electric«, entschied er sich für das heimische Papier. Hierfür mußte er rund 800 DM pro Aktie auf den Banktresen blättern. Ein amerikanischer Anleger, der damals aus demselben Grund Aktien »seines« heimischen Elektrokonzerns General Electric kaufte, zahlte zur selben Zeit rund 10 Dollar pro Aktie.

Wie erging es nun unseren beiden Anlegern in den letzten 10 Jahren? Der deutsche Aktionär erlebte mit seiner Siemens-Aktie wie schon in den Jahren zuvor eine gewaltigen Berg-und-Tal-Fahrt mit Kursschwankungen von 50 Prozent nach oben wie nach unten. Von 1986 bis 1996, das heißt ein volles Jahrzehnt, dauerte es, bis der Kurs des deutschen Elektrokonzerns erstmals im Jahr 1997 deutlich über den damaligen Einkaufskurs kletterte und der Anleger die ersten echten Kursgewinne verbuchen konnte. Ganz anders die Situation beim amerikanischen Gegenstück, der Firma General Electric. Jahr für Jahr bescherte die Aktie dem Anleger einen zweistelligen Wertzuwachs. Sehen Sie sich selbst die durchschnittliche Kursentwicklung an:

Kursentwicklung General Electric (USA):
1987: 10 Dollar
1992: 20 Dollar
1995: 30 Dollar
1992: 40 Dollar
1996: 50 Dollar
1997: 60 Dollar

Sie sehen selbst, die General-Electric-Aktie wird heute, nach 10 Jahren, für mehr als den sechsfachen Preis gehandelt. Im Gegensatz dazu hat sich die Siemens-Aktie im gleichen Zeitraum noch nicht einmal verdoppelt. Selbst wenn man die Wechselkursschwankungen in den letzten 10 Jahren berücksichtigt, die man bei allen Auslandsaktien einkalkulieren muß, ist die Kursentwicklung von General Electric derjenigen von Siemens meilenweit überlegen. Das heißt, die General-Electric-Aktie hat nicht nur in den letzten 10 Jahren die Nase vorn gehabt, sondern auch in den Jahrzehnten davor.

Die Entscheidung zum Kauf der Siemens-Aktie von unserem heimischen Anleger war daher nicht rational begründet, sondern nur von einem scheinbar höheren Sicherheitsempfinden bestimmt.

Extrem unterschiedliche Kursverläufe wie bei Siemens und General Electric stellen keine Ausnahmen dar. Bei vielen anderen Werten aus derselben Branche ist die Situation ähnlich. Trotzdem entscheidet sich der deutsche Anleger oft für die objektiv schlechtere deutsche Aktie, wie folgende Beispiele zeigen.

Gewaltige Unterschiede bei Bankaktien

Wer in Deutschland sein Geld in eine solide Bankaktie investieren will, entscheidet sich oft für die Deutsche Bank. Obwohl die Qualität des Unternehmens Deutsche Bank, trotz einiger spektakulärer Schlagzeilen, unbestritten ist, wollen wir auch hier einmal einen Blick über den Tellerrand hinaus – also ins Ausland – riskieren. Was für den heimischen Anleger die Deutsche Bank ist, das ist für den Engländer seine Lloyds Bank.

Kursentwicklung Deutsche Bank:
Auch hier erkennt man bereits bei einem flüchtigen Blick die gewaltigen Unterschiede: Bei der Deutschen Bank mußte der Anleger seit über 10 Jahren mit einem Aktienkurs leben, der ständig zwischen 60 und 90 DM schwankte. Erst 1997 gelang der Deutschen-Bank-Aktie erstmals der Sprung in deutliche höhere Regionen.

Kursentwicklung Lloyds-Bank, TSB (England):
Wie am Faden gezogen dagegen der Kursverlauf der Engländer.

1987: 1 Pfund
1993: 2 Pfund
1995: 3 Pfund
1996: 4 Pfund
1997: 5 Pfund

In 10 Jahren eine Verfünffachung ist an der Börse zwar keine Rekordleistung, im Vergleich zur Kursentwicklung deutscher Bankaktien jedoch immer noch ein himmelweiter Unterschied.

Auch beim Vergleich von Bankaktien fällt auf, daß die Engländer nicht nur einen höheren Kursgewinn verbuchen als die Deutsche Bank, sondern daß dieser Kursanstieg kontinuierlich erfolgt. Dies ist aus psychologischer Sicht für den Aktionär sehr wichtig. Wie bereits bei den letzten Elektro-Aktien haben sich Zigtausende von Anlegern hierzulande in den letzten Jahrzehnten statt für das erfolgreichste internationale Unternehmen lieber für die heimische Aktie entschlossen. Grund hierfür war vor allem der »gute Name« und die damit verbundene scheinbare höhere Sicherheit. Dies war ein Fehler.

Ist die Kursverfünffachung der Lloyds-Bank in den letzten 10 Jahren eine Ausnahme, oder ist die Lage bei anderen ausländischen Bankaktien ähnlich? Hier noch ein weiteres bekanntes Beispiel:

Kursentwicklung Wells-Fargo-Bank (USA):
Wells Fargo ist die älteste Bank Amerikas und hierzulande vor allem bekannt aus Wildwestfilmen. Fast immer ist es eine Wells-Fargo-Bank, die in solchen Filmen ausgeraubt wird. Kein Wunder, daß laut Geschäftsbericht dieser US-Bank das Jahr 1873 als das Jahr des ersten Banküberfalls verzeichnet ist. Doch jetzt zum Kursverlauf:

1985: 25 US-Dollar
1987: 50 US-Dollar
1993: 100 US-Dollar
1995: 200 US-Dollar
1997: 250 US-Dollar

Was will ich Ihnen mit diesen Beispielen demonstrieren? Ich will Ihnen verdeutlichen, daß es ein verhängnisvoller Fehler ist, einer Aktie nur deshalb den Vorzug zu geben, weil sie »deutsch« ist. Wenn Sie Ihren nächsten Aktienkauf tätigen, dann achten Sie also nicht darauf, ob das Unternehmen diesseits oder jenseits unserer Grenzen seinen Firmensitz hat, sondern treffen Sie die Wahl ausschließlich nach objektiven Kriterien.

Gibt es Aktien, die man immer mit Gewinn verkauft?

Viele Anleger schauen mich immer ganz ungläubig an, wenn ich ihnen erzähle, daß es tatsächlich Aktien gibt, die man immer mit Gewinn verkauft. Schließlich gilt die Aktienanlage allgemein als riskant. Wie kann man da von sicheren Gewinnen sprechen?

Wenn Sie diesen Ratgeber bis hierher aufmerksam gelesen haben, dann werden Sie des Rätsels Lösung vermutlich schon kennen. Wenn wir eine Aktie mit sicheren Gewinnen suchen, brauchen wir nur ein erfolgreiches Unternehmen ausfindig zu machen. Wichtig hierbei ist selbstverständlich nicht nur der Erfolg in der Vergangenheit, sondern vor allem erfolgreiche Zukunftsaussichten.

Gibt es eine Möglichkeit, einzuschätzen, ob ein Unternehmen auch in Zukunft erfolgreich sein wird, oder ist das eher Glückssache? In der Tat gibt es Unternehmen, die erfolgreich arbeiten, und zwar völlig unabhängig davon, welche Partei gerade die Regierung stellt oder wie die künftige Entwicklung der Zinsen sein wird. Es handelt sich dabei vor allem um konjunkturabhängige Unternehmen mit hohen Wachstumsraten. Das Team des Aktien-Clubs verbringt viel Zeit damit, weltweit solche Firmen ausfindig zu machen. In erster Linie handelt es sich dabei um internationale Markenmultis, die in der Regel rund um den Globus tätig sind. Wir nennen Aktien dieser Gruppe deshalb auch Wachstumsaktien. Die meisten Namen sind sehr bekannt wie beispielsweise Coca-Cola, Walt Disney, Gillette oder Unilever. Andere sind weniger bekannt, dafür jedoch nicht minder erfolgreich: Ich denke dabei an den weltgrößten Hersteller von Herzschrittmachern, die amerikanische Firma Medtronic.

Selbst als Neuling im Geldgeschäft ist Ihnen sicher sofort klar: Es handelt sich dabei um Gesellschaften, die konjunkturunabhängige Produkte herstellen. In wirtschaftlich schwierigen Zeiten wird man eher den Kauf eines Autos oder einer Eigentumswohnung aufschieben, als auf Rasierklingen, Zahnpasta oder gar einen Herzschrittmacher zu verzichten, falls ein solcher erforderlich sein sollte.

Geht man mit diesen sogenannten »Wachstumsaktien« tatsächlich keinerlei Risiko ein? Natürlich wird der eine oder andere Leser beim Blick in den Kursteil feststellen, daß auch eine Coca-Cola- oder Gillette-Aktie hin und wieder einen Kursrückgang verzeichnet. Wenn ich Wachstumsaktien als Aktien bezeichne, »die man immer mit Gewinn verkauft«, dann meinte ich dies natürlich unter einem längerfristigen Aspekt. Selbstverständlich können sich auch die besten Aktien einem stärkeren Kursrückgang an der Börse nicht gänzlich entziehen. Wenn man sich jedoch die Kursentwicklung dieser Wachstumsaktien in den letzten Jahrzehnten anschaut, dann stellt man zwei Dinge fest:

Erstens: Die Kurse erstklassiger Wachstumsaktien sinken in Krisenzeiten deutlich geringer als konjunkturabhängige Papiere wie beispielsweise Aktien aus der Autobranche, Stahlaktien oder solche aus der Baubranche.

Zweitens: Wachstumsaktien haben von jeher jeden Rückschlag sehr schnell wieder aufgeholt und danach neue Höchstkurse erzielt. Ein bekanntes extremes Beispiel der jüngsten Vergangenheit ist das Jahr 1987. Dieses Jahr ging bekanntlich als »Crash-Jahr« in die Börsengeschichte ein.

Schaut man sich einmal im einzelnen an, was denn im Jahr 1987 aus so bekannten Aktien wie Coca-Cola, McDonald's, Colgate, Gillette, L'Oréal oder Unilever geworden ist, dann kommt Erstaunliches zutage: Obwohl sämtliche dieser Titel im »Schwarzen Oktober 87« ebenfalls Federn lassen mußten, haben dennoch fast alle Werte das Jahr 1987 mit einem Kursgewinn abgeschlossen. Bei vielen bekannten deutschen Aktien, wie Siemens, Daimler-Benz oder VW, hat es dagegen viele Jahre gedauert, bis die Kursrückgänge aus dem Jahr 1987 aufgeholt waren.

Die 10 besten Wachstumsaktien der Welt

Was versteht man unter einer echten Wachstumsaktie? Wie bereits weiter oben geschildert, handelt es sich dabei um Unternehmen, die nicht erst seit wenigen Jahren, sondern seit Jahrzehnten kontinuierlich Umsatz, Gewinn, Dividende und somit auch den Aktienkurs steigern. Dies sind fast immer konjunkturunabhängige Unternehmen. Ein Autohersteller z. B. wird in einer solchen Aufstellung genauso fehlen wie ein Bauunternehmen oder eine Maschinenbaufirma. Volkswagen, Daimler-Benz, General Motors oder Ford gehören zwar zu den größten Firmen der Welt, die Geschäftsentwicklung und damit auch der Kursverlauf unterliegen dennoch gewaltigen Schwankungen. 50 Prozent Kursverlust sind bei einer Autoaktie nichts Ungewöhnliches, bei einer Gillette- oder Coca-Cola-Aktie werden Sie dies kaum erleben.

Philip Morris (USA)

Hinter diesem weltbekannten Markenartikelkonzern steht längst nicht nur die Erfolgsmarke Marlboro, sondern zu einem großen Teil auch die Nahrungsmittelsparte mit Produkten wie Kraft, Milka, Tobler oder Jacobs Kaffee. Während der Zigarettenumsatz in den USA und Europa rückläufig ist, erzielt Philip Morris vor allem in den asiatischen Ländern gewaltige Zuwächse. Im Zusammenhang mit der Diskussion um Rauchverbote bzw. um das Gesundheitsrisiko, das Rauchen mit sich bringt, kommt es bei der Marlboro-Aktie jedoch immer wieder zu deutlichen Kursrückschlägen. Wenn ich diese Aktie dennoch in die Gruppe der Wachstumsaktien aufnehme, dann einfach deshalb, weil Philip Morris zu den 5 gewinnträchtigsten Konzernen der Welt gehört. Der durchschnittliche Jahresgewinn bewegt sich zwischen 5 und 10 Milliarden DM. Philip Morris gehört deshalb von jeher schon zu den größten Steuerzahlern in Amerika und Europa. Wer sich von den Kursschwankungen nicht beeindrucken läßt, der erzielt mit einer Beteiligung an diesem Unternehmen seit Jahrzehnten höhere Gewinne als mit den meisten anderen Aktien. Sehen Sie sich die Kursentwicklung an:

Was wurde aus 10 000 Dollar bei Philip Morris?
In 5 Jahren: 30 000 Dollar
In 10 Jahren: 60 000 Dollar
In 20 Jahren: 400 000 Dollar

L'Oréal (Frankreich)

L'Oréal ist der weltgrößte Kosmetikkonzern. Berühmte Markennamen gehören dazu, u. a. Vichy, Lancôme, Biotherm, Helena Rubinstein, Paloma Picasso, Guy Laroche oder Armani. Längst ist der Multi auch im Verlagsgeschäft aktiv. Darunter fällt die Beteiligung an den Mode- bzw. Frauenzeitschriften Cosmopolitan und Marie Claire. Das Geschäft mit der Schönheit wird auch in Zukunft für steigende Kurse sorgen.
Was wurde aus 10 000 Dollar bei L'Oréal?
In 5 Jahren: 30 000 DM
In 10 Jahren: 80 000 DM
in 20 Jahren: 500 000 DM

Gillette (USA)

Der Bartwuchs bringt Gillette seit Jahrzehnten Geld in die Kasse. Vom »Contour« über den »Sensor« bis hin zum »Excel«: Gillette-Rasierer werden in Amerika, Europa, Asien, Afrika und Australien gekauft. Einer der vermögendsten Männer Amerikas, der Anlagemanager Warren Buffett, gilt als größter Aktionär des US-Multis Gillette. Von Buffett stammt folgender Ausspruch: »Es ist ein gutes Gefühl, schlafen zu gehen, wenn man genau weiß, daß es 2,5 Milliarden Männer gibt, die sich am nächsten Morgen rasieren müssen.« Schauen Sie sich an, wie man als Aktionär vom Gillette-Erfolg profitiert:

Was wurde aus 10 000 Dollar bei Gillette?

In 5 Jahren: 40 000 DM
in 10 Jahren: 120 000 DM
In 20 Jahren: 600 000 DM

Beiersdorf (Deutschland)

An unserer heimischen Börse gibt es nur sehr wenige echte Wachstumsaktien. Eine davon ist die Hamburger Firma Beiersdorf. Neben den bekannten Nivea-Produkten gehören vor allem Markenartikel wie Tesafilm oder Hansaplast zum Sortiment. Wer spart daran in Krisenzeiten? Die Kursentwicklung bestätigt die außergewöhnliche Qualität dieser Aktie:

Was wurde aus 10 000 DM bei Beiersdorf?

In 5 Jahren: 25 000 DM
In 10 Jahren: 40 000 DM
In 20 Jahren: 90 000 DM

Air Liquide (Frankreich)

Die französische Air Liquide ist Weltmarktführer im Bereich technischer Gase, vom Propangas bis hin zum »Ballongas«. Nach der Expansion in Europa wird inzwischen das Geschäft in Übersee ausgebaut. Umsatz, Gewinn, Dividende und Aktienkurs klettern seit Jahrzehnten:

Was wurde aus 10 000 DM bei Air Liquide?

In 5 Jahren: 15 000 DM
In 10 Jahren: 30 000 DM
In 20 Jahren: 180 000 DM

Royal Dutch (Holland)

Die Shell-Gruppe ist einer der größten Energiekonzerne der Welt. Neben dem klassischen Ölgeschäft kommt dem Chemiegeschäft seit Jahren immer größere Bedeutung zu. Umsatz, Gewinn und Dividenden steigen stetig. Hier die Kursentwicklung:

Was wurde aus 10 000 DM bei Royal Dutch?

In 5 Jahren: 25 000 DM
In 10 Jahren: 40 000 DM
In 20 Jahren: 140 000 DM

Canon (Japan)

Der japanische Elektronikkonzern ist bekannt für seine extrem hohen Forschungs- und Entwicklungsinvestitionen. Canon verzeichnet über 1000 Patentanmeldungen pro Jahr. Davon können europäische Konzerne nur träumen. Die Investitionen und Patentierungen sichern die langfristige Weltmarktstellung bei Kopierern, Druckern und Kameras. Obwohl die Kurse japanischer Aktien höhere Schwankungen verzeichnen, zeigt der langfristige Trend bei Canon eindeutig nach oben. Vergleichen Sie selbst:

Was wurde aus 10 000 DM bei Canon?

In 5 Jahren: 20 000 DM
In 10 Jahren: 35 000 DM
In 20 Jahren: 100 000 DM

Lloyds-Bank, TSB-Group (England)

Lloyds ist eine der erfolgreichsten Banken der Welt. Im Rahmen einer Fusion wurde die frühere

Traditionsbank im Jahr 1996 mit der Finanzgruppe TSB verschmolzen. Neuer Name deshalb Lloyds-TSB Group. Lloyds gehört an der Londoner Börse zu einem der besten Investments, und das seit langer Zeit. Schauen Sie sich die Kursentwicklung an.

Was wurde aus 10 000 DM bei der Lloyds-Bank?

In 5 Jahren: 40 000 DM
In 10 Jahren: 60 000 DM
In 20 Jahren: 140 000 DM

Rio Tinto, RTZ, Rohstoffkonzern (England)

Auch wenn mancher Leser diesen Firmennamen noch nie gehört hat, so handelt es sich hierbei dennoch um den größten Rohstoffkonzern der Welt. Ob Kupfer, Titan, Molybdän oder Gold – RTZ ist die größte und profitabelste Minengesellschaft mit Produktionsstätten rund um den Erdball.

Was wurde aus 10 000 DM bei RTZ (Rio Tinto Zinc)?

In 5 Jahren: 20 000 DM
in 10 Jahren: 30 000 DM
In 20 Jahren: 110 000 DM

Roche-Pharma (Schweiz)

Aus der Schweiz kommt einer der führenden Pharmakonzerne der Welt. Die frühere Hoffmann-La Roche (jetzt Roche Holding) gehört zusammen mit Nestlé zu den erfolgreichsten Konzernen der Alpenrepublik. Hohe Investitionen in die Forschung sorgen dafür, daß die Gewinne auch in Zukunft sprudeln werden.

Was wurde aus 10 000 DM bei Roche-Pharma?
In 5 Jahren: 40 000 DM
in 10 Jahren: 100 000 DM
In 20 Jahren: 200 000 DM

Natürlich gibt es außer den hier aufgeführten 10 Aktien weitere, die eine ähnlich gute Bewertung aufweisen. Hierzu gehören Firmen wie Coca-Cola, McDonald's, Walt Disney, Exxon, General Electric, Colgate, Unilever, Elsevier, Glaxo, Altana und andere. Wenn Sie für Ihr privates Depot erstklassige Wachstumsaktien kaufen wollen und Sie haben beispielsweise etwas gegen Zigarettenproduzenten, dann können Sie selbstverständlich statt der von mir empfohlenen Philip-Morris-Aktie jederzeit ein anderes Engagement, beispielsweise Coca-Cola, vorziehen. Am Erfolg Ihres Depots wird sich dadurch kaum etwas ändern.

Aktien für aktive Börsianer

Obwohl die zuvor beschriebenen Wachstumsaktien im Grunde genommen die beste Anlageempfehlung darstellen, gibt es zahlreiche Anleger, denen solche Aktien einfach »zu langweilig« sind. Aktien, die »immer nur steigen«, braucht man nur selten zu verkaufen oder umzuschichten. Dies erinnert viele Anleger dann fast schon an eine Immobilienanlage. Auch bei Immobilien ist es so, daß man gute Objekte eigentlich nie verkauft, sondern höchstens »vererbt«.

Der aktive Börsianer will jedoch nicht einfach Aktien kaufen und liegenlassen, sondern er will aktiv an der Börse tätig sein. Dazu gehört, mindestens einmal täglich die Kurse zu verfolgen und ständig zu prüfen, welche Aktie verkauft oder neu gekauft werden sollte. Für eine solche Strategie sind Wachstumsaktien verständlicherweise wenig geeignet. Glücklicherweise bietet der Kurszettel jedoch auch jede Menge Aktien, bei denen das Herz eines jeden Spekulanten höher schlägt.

Welche Art von Aktien verzeichnen wohl die größten Kursschwankungen? Richtig, es sind die stark konjunkturabhängigen Unternehmen. Dazu gehören natürlich an erster Stelle die Automobilaktien. Wer erinnert sich nicht an die gewaltigen Kursschwankungen einer VW- oder Daimler-Benz-Aktie in den letzten 10 Jahren. Kursverdopplungen und -verdreifachungen wechselten sich ab mit starken Rückschlägen. Was für die Autoindustrie gilt, das gilt erst recht in der Stahlbranche, bei Bauunternehmen und vor allem für den Maschinenbau. Trotzdem muß man von diesen sogenannten »zyklischen Aktien« nicht grundsätzlich die Finger lassen. Im Gegenteil: Gerade die erheblichen Kursschwankungen der konjunkturabhängigen Unternehmen haben auch Vorteile. Für den aktiven Börsianer bieten solche Papiere überdurchschnittliche Gewinnchancen. Die Grundvoraussetzung für eine Spekulation mit zyklischen Aktien ist, daß man sich nur für erstklassige Unternehmen innerhalb dieser Branchen entscheidet. Volkswagen, Daimler-Benz oder Lufthansa sind typische Beispiele für solche Aktien.

Wie groß ist aber das Risiko für den Käufer solcher Aktien? Zunächst handelt es sich um Anlagen, bei denen man selbstverständlich keinen Totalverlust befürchten muß. Daimler Benz, VW oder Thyssen gehen schließlich nicht so leicht Konkurs. Das größte Problem bei diesen Aktien ist deshalb nicht das Risiko eines Totalverlustes, sondern das Ausloten des idealen Kauf- bzw. Verkaufszeitpunktes.

Im Einkauf liegt der Gewinn

Hat sich ein Anleger für konjunkturabhängige Aktien entschieden, braucht er viel mehr Geduld und Disziplin als bei klassischen Wachstumsaktien. Während man bei zyklischen Papieren auf einen günstigen Einstiegszeitpunkt wartet, steigen die Kurse von Wachstumsaktien oft fröhlich nach oben. Wer dabei ungeduldig wird, gehört von vornherein zu den Verlierern und sollte auf den Kauf solcher Aktien lieber verzichten. Wer die nötige Geduld und das entsprechende Sitzfleisch aufbringt, für den ist die Spekulation mit zyklischen Aktien sehr reizvoll. Allerdings müssen Sie die Besonderheiten dieser Strategie kennen und sich im klaren darüber sein, was Sie jeweils konkret unternehmen wollen.

Wann ist der günstigste Einstiegszeitpunkt bei

zyklischen Aktien? Wie tief muß eine solche Aktie sinken, bevor man den ersten Kauf wagen kann? Soll man schon nach 20 oder 30 Prozent Kursrückgang einsteigen oder lieber warten, bis die jeweilige Aktie um 50 Prozent gesunken ist? Allein anhand dieser Frage erkennen Sie schon das Problem. Steigt man zu früh ein, dann muß man in Kauf nehmen, daß die jeweilige Aktie noch monatelang weiter fällt.

Werfen wir hierzu einen Blick zurück ins Jahr 1990. Aufgrund der Golfkrise kam es seinerzeit zu einem starken Kursrückgang an der Börse. Die Daimler-Benz-Aktie, die Anfang 1990 noch für 1200 DM gehandelt wurde, fiel um 25 Prozent auf 900 DM. Was glauben Sie, war das bereits ein guter Zeitpunkt, um bei Daimler einzusteigen? Langjährige Börsianer wissen es: leider nicht. Die Daimler-Aktie fiel nämlich seinerzeit um mehr als 50 Prozent auf unter 600 DM.

Und jetzt müssen Sie gut aufpassen: Wer die Daimler-Aktie im Jahr 1990 bereits nach dem ersten Kursrückgang um 25 Prozent, von 1200 DM auf 900 DM, erwarb, der mußte sage und schreibe 7 Jahre lang warten. Erst im Jahr 1997 gelang es der Daimler-Aktie, deutlich die 900er-Marke wieder zu überspringen und damit diesem Käufer einen Gewinn zu bescheren. Wer jedoch 1990 die Nerven behielt und die Daimler-Aktie tatsächlich erst nach einem Kursrückgang um 50 Prozent im Bereich von 600 DM oder darunter erwarb, der konnte bereits 1 bis 2 Jahre später Gewinne bis zu 50 Prozent verbuchen.

An diesem alltäglichen Beispiel erkennen Sie, wie schwer es ist, bei zyklischen Aktien den idealen Einstiegszeitpunkt zu erwischen, und welch erhebliche Auswirkungen ein zu früher Einstieg hat.

Einige Leser werden nun einwenden, daß dieses Problem doch dadurch leicht zu lösen ist, daß man einfach grundsätzlich erst nach einem Kursrückgang von 50 Prozent einsteigt und nicht schon nach 25 Prozent. Sie werden es sicher schon ahnen: Auch bei dieser Methode steckt der Teufel im Detail. Je tiefer Sie nämlich das Einkaufslimit ansetzen, um so seltener kommen Sie zum Zuge. Sie vermeiden mit dieser Strategie selbstverständlich einen zu frühen Kauf. Leider entgehen Ihnen dabei oft die schönsten Gewinne.

Auch hierzu ein Beispiel an einer typisch zyklischen Aktie: Der Stahlproduzent Thyssen steckte 1992 in der Krise. Ab Sommer 1992 ging es mit dem Aktienkurs von damals 250 DM kontinuierlich bergab. Innerhalb von 3 Monaten sank der Kurs von 250 DM auf unter 150 DM. Die Spekulantenherzen schlugen höher. Mancher, der bei Daimler-Benz zu früh eingestiegen war, hatte sich vorgenommen, daß ihm dies kein zweites Mal passieren würde. Also gab er seiner Bank den Auftrag, Thyssen-Aktien automatisch dann zu kaufen, wenn der Kurst erstmals bei 125 DM oder darunter gehandelt wird. Das wäre dann ein Rückgang von 50 Prozent und – aufgrund der Erfahrung mit Daimler-Benz – eine gute Chance.

Was bei Daimler-Benz richtig war, entpuppte sich bei Thyssen jedoch als falsch. Der Aktienkurs von Thyssen sank wohl noch bis Jahresende 1992 in den Bereich zwischen 140 und 150 DM. Anfang 1993 ging es dann jedoch steil nach oben auf über 300 DM, ohne jedoch zuvor den anvisierten Einkaufskurs von 125 DM erreicht zu haben. Während sich unser Aktionär bei Daimler-Benz über weitere Verluste ärgerte, galt sein Ärger bei Thyssen nun den »entgangenen Gewinnen«. Welcher Ärger dabei schwerer wiegt, muß jeder für sich selbst entscheiden.

Bereits an diesen beiden Beispielen sehen Sie, daß Börsengewinne mit dynamischen Aktien alles andere als eine einfache Angelegenheit sind. Selbst wenn es Ihnen gelingt, die Daimler-Aktie aus obigem Beispiel für 600 DM und die Thyssen-Aktie für 150 DM zu kaufen, gehen die Probleme dennoch weiter.

Auch Verkaufen will gelernt sein

Wann soll man denn eine solche Aktie wieder verkaufen? Bereits nach 20 Prozent Gewinn, nach 50 Prozent oder frühestens nach einer Kursverdoppelung? Klar ist, wer sich auf dieses heiße Pflaster im Börsengeschäft wagt, muß im Erfolgsfall entsprechend belohnt werden. Als Faustregel gilt deshalb, daß 50 Prozent Gewinn bei solchen Geschäften das mindeste sind. Schließlich müssen die zahlreichen Schieflagen oder Ladenhüter mitfinanziert werden, die letztlich die Durchschnittsrendite stark drücken.

Wer mit konjunkturabhängigen Aktien spekuliert, muß sich im klaren darüber sein, daß er sich in jedem Fall ärgert: entweder über den nicht optimal geglückten Einkauf oder über den zu frühen oder zu späten Verkauf. Aktuelles Beispiel: Lufthansa. Nehmen wir einmal an, es ist Ihnen gelungen, die Lufthansa-Aktien bei ihrem letzten Tief im Jahr 1993 im Bereich von etwa 15 DM zu erwischen. Gehen wir weiter davon aus, daß Sie sich ein Limit von mindestens 50 Prozent Gewinn gesetzt haben. Dies entspricht einem Kurs von rund 23 DM, der Anfang 1996 erreicht war. Wenn Sie sich konsequent an Ihre Anlagestrategie hielten, dann werden Sie dennoch an diesem Gewinn keine rechte Freude haben. Warum? Schauen Sie hierzu lediglich in den Kursteil Ihrer Tageszeitung. Zumindest bis zur Fertigstellung dieses Buches ist der Aktienkurs auf weit über 30 DM gestiegen und hat sich damit sogar verdoppelt. Profis im Börsengeschäft wissen: Entgangene Gewinne sind fast noch schlimmer als echte Verluste.

Sehr beliebt sind auch die Autozulieferer. Der bekannteste Wert auf dem Kurszettel ist der Reifenhersteller Continental. Kursschwankungen zwischen 20 und 50 DM gehören seit Jahren bei Conti eher zur Regel als zur Ausnahme. Auch Stahlaktien erfreuen sich bei Spekulanten größter Beliebtheit. Die Aktienkurse von Firmen wie Thyssen, Krupp-Hoesch oder Klöckner zeichnen sich durch extrem starke Kursschwankungen aus. Die Klöckner-Aktie weist in den letzten 10 Jahren eine Bandbreite zwischen 50 und 300 DM auf. Nicht fehlen darf in einer solchen Aufstellung natürlich die Baubranche. Dazu gehören Namen wie Dyckerhoff, Heidelberger Zement, Bilfinger & Berger, Hochtief, Philip Holzmann oder Strabag. Selbst wenn man nur den Branchenführer Hochtief wählt, erlebt man oft in Monaten Kurssprünge von solchem Ausmaß wie bei einer Veba-, Altana- oder Beiersdorf-Aktie in 10 Jahren nicht.

Wem die Auswahl an dynamischen Aktien in Deutschland zu klein ist, der kann einen Blick über den Tellerrand hinaus wagen. Aktien von konjunkturabhängigen Firmen mit starken Kursschwankungen gibt es selbstverständlich nicht nur in Deutschland, sondern sowohl in Europa als auch in den USA und in Asien. Beispiel einer typischen »Konjunkturaktie« ist die amerikanische Black & Decker. Spektakuläre Kurssprünge sind beim Hersteller von Heimwerkergeräten von jeher eher die Regel als die Ausnahme. Was einen Daueranleger zur Verzweiflung bringen würde, läßt den aktiven Börsianer strahlen. Sehen Sie sich den Kursverlauf an: Seit 15 Jahren schwankt der Kurs zwischen 10 und 30 Dollar. Insgesamt fünfmal war es in dem aufgeführten Zeitraum theoretisch möglich, die Black & Dekker-Aktie im Bereich zwischen 16 und 24 Dollar zu kaufen und zu verkaufen. Jedesmal wurde der Einstieg mit einem Kursgewinn von rund 50 Prozent belohnt. Wie schwer es ist, theoretische Gewinne in der Praxis nachzuvollziehen, habe ich schon eingangs erläutert.

Tips für den Kauf zyklischer Aktien

Neben den bereits beschriebenen Problemen mit den richtigen Kauf- und Verkaufslimits sowie dem bestmöglichen Timing kommt beim Spekulieren mit zyklischen Aktien auch noch die Psychologie hinzu. Beim Betrachten des Kursverlaufs z. B. der VW-Aktie sagen sich viele Neulinge, man hätte diese Aktie einfach beim letzten Tief im Herbst 1990 kaufen müssen. Ganz abgesehen davon, ob der damalige tiefe Kurs tatsächlich der Tiefstkurs war oder nicht, kommen solche Kursrückschläge nicht zufällig zustande. Im Sommer 1990 war der Grund für den starken Rückgang die Kuwait-Krise und der anschließende Golfkrieg. Und jetzt fragen Sie sich selbst: Wer hat den Mut, wenn täglich die Medien voll mit Kriegsberichten sind, in aller Ruhe Aktien zu kaufen?

Ähnlich gelagert war die Situation auch im Jahr 1987/88. Der damalige Börsenkrach sorgte für Kursrückgänge bis zu 50 Prozent. Nur wenige Anleger haben diese Turbulenzen als Einladung zum Aktienkauf betrachtet. Oder anders ausgedrückt: Wenn Aktien besonders günstig zu kaufen sind, will sie nicht selten keiner haben. Es sind nur sehr wenige langjährige und erfahrene

Anleger, die sich von solchen Begleitumständen nicht irritieren lassen und ihrer Hausbank in aller Ruhe Kaufaufträge erteilen. Die meisten Anleger kaufen in Krisenzeiten normalerweise jedoch keine Aktien. Sie haben Angst, daß die Kurse noch tiefer fallen könnten. Da haben Sie oft sogar recht. Voraussetzung für den Erfolg einer zyklischen Spekulation ist, nach einem starken Kursrückgang immer noch den Mut zum Kauf aufzubringen.

Inzwischen kennen Sie die beiden wichtigsten Möglichkeiten im Aktiengeschäft. Erstens: der Kauf von Wachstumsaktien nach dem Motto: kaufen, liegenlassen und gewinnen. Zweitens: der Kauf von zyklischen Aktien mit hohen Kursschwankungen, bei denen man nur durch regelmäßiges Kaufen und Verkaufen eine Chance auf überdurchschnittliche Gewinne hat. Da aller guten Dinge bekanntlich drei sind, gibt es auch im Börsengeschäft noch eine dritte Gruppe von Aktien. Es handelt sich dabei um die Lieblingspapiere vieler Börsianer.

Die Turn-Around-Aktien

Worin unterscheiden sich diese Aktien von den beiden anderen Gruppen? Turn-Around-Aktien stammen von Unternehmen, die große Kursverluste hinter sich haben. Je größer die Verluste, desto beliebter die Aktien. Hier handelt es sich selten um Weltkonzerne, sondern meist um mittlere oder kleinere Gesellschaften, die deshalb gegenüber Unvorhergesehenem anfälliger sind als internationale Multis.

Bevor wir über die Gewinnchancen bei solchen Unternehmen sprechen, sollten wir uns zunächst einmal die speziellen Risiken in dieser Gruppe ansehen. Da ist vor allem das Konkursrisiko. Die Erfahrung hat gezeigt, daß dieses Risiko nicht unterschätzt werden darf. Selbst bekannte Namen wie Bremer Vulkan, Deckel-Maho, Fokker, Commodore, Escom, Traub oder Sachsenmilch blieben nicht von einem Konkurs verschont. Kommt es zum Konkurs, ist die Aktie wertlos und der Einsatz in der Regel vollständig verloren. Der einzige Trost, der noch bleibt: Als Aktionär kann man sich seine wertlosen Aktien von der Bank ausliefern lassen und versuchen, die Originalstücke nachher an Sammler zu verkaufen.

Neben dem Konkursrisiko gibt es bei hochspekulativen Aktien jedoch noch weitere Risiken, die viele Anleger übersehen. Dazu gehört auch der Kapitalschnitt. Was versteht man darunter? Bei einem Kapitalschnitt verzeichnet das jeweilige Unternehmen derart hohe Verluste, daß ein Teil des Grundkapitals verloren ist. In diesem Fall werden nicht alle Aktien, sondern nur ein Teil davon wertlos. Hat ein Anleger vor dem Kapitalschnitt 100 Aktien der Firma, dann besitzt er anschließend beispielsweise nur noch 50 Stück. Um diesen Verlust auszugleichen, muß sich der Kurs der verbliebenen Aktien bereits verdoppeln. Zu Unternehmen, die ihren Aktionären zuletzt einen Kapitalschnitt bescherten oder bei denen mit einem solchen gerechnet werden muß, gehören Firmen wie Klöckner, KHD, Babcock, Brau und Brunnen, Gildemeister, Metallgesellschaft, aber auch Euro Disney oder Euro Tunnel.

Warum üben solche Aktien vor allem auf deutsche Anleger einen großen Reiz aus? Vermutlich spielen gerade bei Neulingen Überlegungen mit wie folgende: »Wenn ich schon mit wenig Anfangskapital an die Börse gehe, dann soll sich das auch möglichst schnell lohnen.« Nur so kann ich es mir erklären, warum gerade viele Neulinge im Börsengeschäft die riskantesten Aktien im Depot besitzen. Wenn ich einen solchen Börsianer konkret frage, warum er denn derart riskante Aktien gekauft hat, dann bekomme ich meist zur Antwort, daß nur mit diesen Papieren hohe Gewinne möglich seien.

Gerade den Neulingen im Börsengeschäft empfehle ich dringend, die Finger von riskanten Aktien zu lassen. Die Chance auf einen Volltreffer ist maximal 1 zu 10. Der Gewinn mit einer Aktie, welche die Wende schafft, wird durch zahlreiche Verluste mit anderen riskanten Papieren auf diese Weise wieder aufgezehrt.

Dabei sind es nicht einmal die spektakulären Konkurse oder Totalverluste, welche die Bilanz verhageln. Wenn man mit spekulativen Aktien auf keinen grünen Zweig kommt, dann hat das stets mehrere Gründe. Viele Aktien erwischt man wohl zu »tiefen Kursen«, aber noch lange nicht zum Tiefstkurs. Selbst Aktien, die um 90 Prozent gesunken sind, können noch weiter fallen. Als die australische Goldaktie »Gold Mines of Kalgoorlie« Ende der 80er Jahre von 20 auf 2 DM abgestürzt war, sagten sich viele Anleger: »Viel tiefer kann es nicht mehr gehen.« Auch das war ein Irrtum. Die Aktie fiel sogar noch auf unter 1 DM. Für den Anleger, der bei 10 oder 20 DM gekauft hatte, war dies fast bedeutungslos. Derjenige Anleger, der in der Hoffnung auf die Trendwende für 2 DM gekauft hatte, verbuchte erst einmal 50 Prozent Verlust. Zum Vergleich: In derselben Zeit hat ein Anleger mit Wachstumsaktien wie Coca-Cola, McDonald's, Walt Disney oder L'Oréal seinen Einsatz mehr als verdoppelt.

Wer dennoch in riskante Aktien investieren will, sollte zumindest die schlimmsten Fehler vermeiden. Riskante Aktien sollten in einem Depot nur »das Salz in der Suppe« sein. So haben Sie immer die Möglichkeit, die Verluste Ihrer Risikoaktien mit den Gewinnen der soliden Titel auszugleichen. Dies ist wohl ein schwacher Trost, aber immerhin bleibt Ihnen Ihr Kapital erhalten. Kaufen Sie keine Aktien von Firmen, bei denen die Möglichkeit besteht, daß ein Konkurs droht. Selbst dann nicht, wenn es begründete Chancen für eine Wende gibt. Klappt diese Wende nämlich nicht, ist der gesamte Einsatz unwiederbringlich verloren. Da hilft auch kein Aussitzen mehr.

Gibt es Turn-Around-Aktien, bei denen kein Totalverlust droht?

Jede der hier in diesem Abschnitt vorgestellten Aktien hat eine mehr oder weniger lange Talfahrt hinter sich. Zum Zeitpunkt der Abfassung dieses Manuskriptes sprach vieles dafür, daß das jeweilige Unternehmen die Wende schafft und daß es mit dem Aktienkurs wieder aufwärts gehen könnte. Aufgrund der Größe und Bedeutung der hier aufgeführten Firmen ist zumindest ein Konkurs mit Totalverlust unwahrscheinlich. Bevor Sie sich jedoch, dem Rat dieser Ausführungen folgend, zum Kauf einer solchen Aktie entschließen, sollten Sie sich vorsichtshalber nach unserer aktuellen Einschätzung erkundigen.

Metallgesellschaft: Von 100 auf 20 DM

Der frühere DAX-Wert schrammte 1995 gerade noch am Konkurs vorbei. Der Grund für die Krise: eine unverantwortliche Fehlspekulation der kanadischen Tochtergesellschaft im Ölgeschäft. Die Aktie notierte zu ihrer Glanzzeit Ende der 80er Jahre bei Kursen von über 100 DM. Dann folgte die bitterböse Talfahrt mit einem Kapitalschnitt. Der Kurs landete zum Schluß bei 20 DM. Inzwischen geht es wieder aufwärts. Auch wenn die früheren Höchstkurse illusorisch sind, so besteht für die nächsten Jahre die Möglichkeit, daß zumindest die Hälfte der Verluste wieder aufgeholt wird. Damit eröffnet sich eine Chance von rund 100 Prozent.

Hochtief: Von 120 auf 60 DM

Für spekulativ eingestellte Anleger sind Bauaktien eine interessante Alternative. Um zumindest das Risiko eines Totalverlustes auszuschließen, empfiehlt sich im Zweifelsfall die Entscheidung für die Nummer eins, die Hochtief AG. Der Aktienkurs hat sich in den letzten 7 Jahren von 120 auf unter 60 DM mehr als halbiert. Seit Anfang 1997 zeichnet sich am Bau eine Trendwende ab. Die Aktie hat sich bereits wieder um 20 Prozent bis auf über 70 DM erholt, und es spricht vieles dafür, daß sich dieser Aufwärtstrend fortsetzt. In diesem Fall winkt bei der Hochtief-Aktie ein Kursgewinn von wenigstens 50 Prozent.

Fielmann (Brillen): Von 80 auf 40 DM

Bei Fielmann handelt es sich um eine relativ junge Aktiengesellschaft. Die Aktie wurde erstmals Ende 1994 an der Börse eingeführt. Nach einer kurzen Aufwärtsrallye ging es mit dem Aktienkurs seit Mitte 1995 kontinuierlich bergab. Der Kurs sank von 80 auf 40 DM. Da sich bisher noch keine Trendwende abzeichnete, sollten Sie zunächst einmal nachprüfen, ob der Aktienkurs bis heute nicht noch weiter gesunken ist. Falls die Talfahrt inzwischen gestoppt wurde, kann der risikofreudige Anleger einen Einstieg wagen. Dennoch: Fielmann bleibt auch in Zukunft eine riskante Angelegenheit.

WMF (Bestecke): Von 500 auf 250 DM

Der Grund für die jahrelange Talfahrt von Deutschlands größtem Hersteller von Bestecken für Gastronomie und Privathaushalte liegt auf der Hand: Aufgrund des harten internationalen Preiskampfes und der Zurückhaltung der privaten Käufer verzeichnete WMF jahrelang Verluste. Glaubt man dem WMF-Vorstand, der vor kurzem ankündigte, daß die Gesellschaft jetzt wieder die Gewinnzone erreichen werde, dann müßte man die WMF-Aktie sofort kaufen. Leider sind die Aussagen von Vorständen mit Vorsicht zu genießen. Oft ist hier der Wunsch der Vater des Gedankens. WMF ist deshalb ausschließlich eine Aktie für solche Anleger, die ganz bewußt ein Börsenabenteuer suchen.

Creditanstalt (CA) Wien: Von 120 auf 60 DM

Österreichs größte Bank, die Creditanstalt Wien, kurz CA genannt, ist so richtig nach dem Geschmack der Spekulanten. Erstens: Die Aktie hat sich in den letzten Jahren im Kurs halbiert, und zweitens: Bei der CA besteht kein Risiko des Totalverlustes. Sobald österreichische Aktien wieder in Mode kommen, winken bei der CA schnell 50 Prozent Kursgewinn. Die Vorzugsaktien der CA werden an der Börse in München auf DM-Basis gehandelt und können zum gleichen Spesensatz, genauso wie die Aktie einer deutschen Gesellschaft, täglich ge- und verkauft werden.

Aktiendepots: Auf die Mischung kommt es an

Bei der Zusammenstellung eines Depots spielen nicht nur die unterschiedlichen Qualitätsstufen der Aktien eine Rolle. Es geht auch darum, die einzelnen Werte in einer optimalen Kombination zu vereinigen. Für ein privates Depot sind 5 bis 10 verschiedene Aktientitel ideal und ausreichend. Wenn Sie weniger Titel besitzen, steigt das Risiko der Anlage. Schließlich genügt bereits ein überraschender Kursrückgang bei einem einzelnen Titel, um die gesamte Wertentwicklung des Depots deutlich ins Wanken zu bringen. Viel mehr als 10 verschiedene Aktientitel sind in einem privaten Depot ebenfalls unproduktiv. Sie steigern die Rendite des Depots nicht und schränken lediglich seine Übersichtlichkeit ein. Wer mit 10 verschiedenen Aktien keine Gewinne erzielt, der schafft es auch mit 20 oder 50 Titeln nicht.

Was hilft eine gute Mischung der Aktien, wenn die Verteilung der Anlagebeträge nicht stimmt? Mancher Anleger besitzt beispielsweise für 50000 DM Deutsche-Bank-Aktien und für 5000 DM General-Electric-Papiere. Frage ich den Anleger, warum er so unterschiedliche Beträge in die einzelnen Werte investiert, dann erhalte ich meist zur Antwort: »Auslandsaktien sind mir zu riskant, deshalb habe ich da nur einen kleinen Betrag investiert.« Doch zur Risikominimierung kommt es nicht nur auf die richtige Mischung der

Anlagen an, sondern auch darauf, daß in jeden Depotwert etwa derselbe Betrag investiert wurde.

Woraus setzt sich ein erfolgreiches Aktiendepot zusammen?

Wer die Wahl hat, hat die Qual. Welche Aktien haben in den nächsten Jahren die besten Gewinnchancen und bieten darüber hinaus eine möglichst hohe Sicherheit? Mit der im folgenden vorgestellten Mischung der Depotwerte gehören Sie langfristig auf jeden Fall zu den Börsengewinnern.

3 bis 5 Aktien aus den USA
Keine Angst vor USA-Aktien. Bei den großen US-Multis handelt es sich nur ganz selten um nationale amerikanische Firmen, sondern meist um internationale Konzerne, die lediglich ihren Sitz in den USA haben. Die Geschäfte werden rund um den Globus gemacht. Meine Hauptfavoriten für die US-Börse sind Exxon (Esso), General Electric, Du Pont, Coca-Cola, Gillette und McDonald's.

3 bis 5 Aktien aus Europa einschließlich Deutschland
Auch hier empfehle ich Ihnen nur die erfolgreichsten Unternehmen, also Aktien, die seit Jahrzehnten lediglich eine Richtung kennen: nach oben. In Deutschland sind meine Favoriten Beiersdorf,

Veba, Viag, Schering und Altana. Meine Hauptempfehlung für England ist die Lloyds TSB Group (früher Lloyds Bank), aber auch mit BP oder Burmah Castrol werden Sie längerfristig Ihre Freude haben. In Frankreich erwarte ich bei L'Oréal weiterhin kontinuierliche Gewinne. Ein aussichtsreicher Kandidat ist unverändert die Firma Air Liquide, Hersteller von technischen Gasen. Was die Niederlande betrifft: Die Aktien unseres holländischen Nachbarn gelten von jeher als besonders stabil und dividendenstark. Die drei besten holländischen Unternehmen sind Unilever, Royal Dutch (Shell) und der Medienkonzern Elsevier.

1 Japaner ins Depot

In ein erfolgreiches Depot gehört mindestens eine Aktie aus dem »Land der aufgehenden Sonne«. Marktführer im Bereich Büroelektronik, Kommunikation, Fotografie und Kopierer ist mit weitem Abstand die Firma Canon. Die Canon-Aktie konnte sich als einer der ganz wenigen Titel dem jahrelangen Abwärtstrend an der Tokioter Börse fast gänzlich entziehen. Canon schaffte bereits wieder Höchstkurse, als andere Japan-Aktien noch 50 Prozent unter ihren früheren Hochs notierten.

1 Aktie aus Südostasien oder Australien

Das größte Wirtschaftswachstum erlebt seit einigen Jahren Südostasien. Daran wird sich so schnell nichts ändern. Manche Fachleute sind sogar der Ansicht, daß die »Tigerstaaten« Südostasiens den Japanern den Rang ablaufen. Ich teile diese Einschätzung nicht unbedingt. Wenn man nämlich mit offenen Augen durch Länder wie Thailand, Singapur, Hongkong, Taiwan und Indonesien fährt, dann stellt man fest, daß die heimlichen Herrscher dieser Region die Japaner sind. Die Mehrzahl der Autos, die Bangkoks Straßen verstopfen, sind japanischer Herkunft. Die Hochhäuser, die Lichtreklamen, die Baumaschinen – wohin man sieht: japanische Firmenschilder. Dennoch gibt es natürlich auch echte Singapur-Aktien, die vom Boom in den Tigerländern profitieren. Mein Favorit ist die United Overseas Bank, eine der größten Banken des Stadtstaates Singapur. Leider wird diese Bankaktie nicht an der deutschen Börse auf DM-Basis gehandelt, sondern nur an der Heimatbörse in Singapur. Sie können die Aktie dennoch ganz normal über Ihre Hausbank kaufen. Der einzige Nachteil: Es fallen doppelt so hohe Kauf- und Verkaufsspesen an wie bei Aktien, die in Deutschland gehandelt werden. Bei längerfristiger Anlage kann dies jedoch akzeptiert werden.

In ein gut gemischtes Aktiendepot gehört zumindest auch ein Wert aus dem Rohstoffbereich. Hier bietet vor allem Australien eine ganze Reihe von erstklassigen Unternehmen. Der größte Rohstoffkonzern in Australien ist Broken Hill. Die Aktie wird in Frankfurt auf DM-Basis amtlich gehandelt und verzeichnet seit Jahren kontinuierliche Kurssteigerungen.

Bei welcher Bank soll man seine Aktiengeschäfte tätigen?

Bevor Sie Ihre erste Aktie kaufen, müssen Sie ein paar grundsätzliche Entscheidungen treffen. Die erste Frage lautet: Mit welcher Bank wickle ich meine Käufe und Verkäufe künftig ab? Soll man bei seiner Hausbank bleiben oder das Wertpapiergeschäft über eine Discountbank betreiben? Da es sich hier um einen grundsätzlichen und langfristigen Entschluß handelt, will ich auf die wichtigsten Vor- und Nachteile eingehen.

Normalerweise empfehle ich einem Privatanleger, bei seiner Hausbank ein Wertpapierdepot einzurichten. In diesem Fall bleibt Ihr Kapital bei der Bank, bei der Sie auch alle anderen Geldgeschäfte betreiben. Dies ist vor allem für die persönliche Bonität (z. B. bei Finanzierungen) von erheblicher Bedeutung. Wie wir im Zusammenhang mit Immobilien sehen werden, ist eine gute Bankverbindung oft wichtiger als ein paar Gebührenvorteile. Vor allem für die Anleger, die sich nicht nur mit Aktien, sondern auch mit der Immobilienanlage beschäftigen, ist eine gute Hausbank die Grundvoraussetzung für den Erfolg. Wenn Sie Ihre Anlagegeschäfte auf mehrere Banken verteilen, werden Sie bei Ihrer Hausbank automatisch ein unbedeutenderer Kunde. Bei jedem Finanzierungsgespräch, von Autokauf über den Geschäftskredit bis hin zur Immobilienfinanzierung, müssen Sie Ihrem Berater erklären, daß Sie außer den ihm bekannten Vermögenswerten ein weiteres Konto bei dieser oder jener Bank besitzen.

Wie Sie aus der bisherigen Lektüre bereits wissen, empfehle ich Ihnen in erster Linie langfristige Wachstumsaktien, also Aktien zum Kaufen und Liegenlassen. Gerade bei solchen Werten ist die Höhe der Bankgebühren für den An- und Verkauf nebensächlich, weil Sie solche Aktien ohnehin nicht ständig kaufen und verkaufen. Wenn Sie Ihr Depotkonto bei Ihrer Hausbank einrichten, können Sie Käufe und Verkäufe zudem über Ihr bereits vorhandenes Girokonto abwickeln. Sobald Sie etwas Geld übrig haben, rufen Sie Ihren Berater an oder schicken ihm ein Fax. Mit dem Kaufpreis wird dann einfach Ihr Girokonto belastet. Ebenso ist es im Fall eines Verkaufs. Sie ersparen sich den ständigen Geldtransfer von einer Bank zur anderen.

Wann lohnt sich ein Konto bei einer Discountbank?

Nicht nur die Zahl der Discountbanken wächst rapide, sondern auch die Zahl der Anleger, die dort ein Depotkonto eröffnen. Hauptvorteil sind die günstigeren Kauf- und Verkaufsgebühren sowie die blitzschnelle Abwicklung der Aufträge, teilweise rund um die Uhr. Während bei einer »normalen« Hausbank der Aktienkauf und -verkauf mit jeweils 1 Prozent Gebühren zu Buche schlägt, wickeln die Discountbanken die Aufträge im Schnitt zum halben Preis ab. Bei entsprechend großen Aufträgen erreicht der Gebührenrabatt bis zu 90 Prozent des klassischen Bankentarifs. Ein Kauf von 100 Veba-Aktien zum Kurs von 70 DM beispielsweise ergibt eine Kaufsumme von 7000 DM. Bei der Hausbank zahlt man eine Gebühr von einem Prozent, also rund 70 DM, und beim Discountbroker rund 35 DM.

Wegen der Gebühren allein brauchen Sie jedoch nicht gleich die Bank zu wechseln. Wer häufig Aktien kauft und verkauft, ist bei seiner Hausbank ein guter Kunde. Deshalb genügt oft ein kleiner Hinweis, und schon bietet Ihnen Ihre Hausbank einen Rabatt an, üblicherweise zwischen 25 und 40 Prozent. Vor allem für solche Anleger, die häufig Aktien kaufen und verkaufen, lohnt sich deshalb ein zusätzliches Wertpapierkonto bei einer Discountbank. Beratung dürfen Sie dort allerdings nicht erwarten. Hier die Adressen einiger großer Discounter. Sie erhalten dort kostenlos ausführliches Infomaterial.

Direkt Anlage Bank
Westendstr. 162
80339 München
Tel. 0180/2 25 45 00

ConSors
Johannesgasse 20
90402 Nürnberg
Tel. 0130/84 09 40

LBB Discount
Postfach 110858
10838 Berlin
Tel. 030/8 69 31 29

comdirekt Bank
Pascalkehre 15
25451 Quickborn
Tel. 0180/3 33 63 63

Dresdner Order-Discount
Jürgen-Ponto-Platz 1
60301 Frankfurt
Tel. 069/26 30

bank 24
Postfach 3043
53020 Bonn
Tel. 0180/3 24 00 00

Keine Angst vor Auslandsaktien

Wie erfolgt der Kauf von Auslandsaktien in der Praxis? Können diese auch bei der Hausbank genauso wie deutsche Aktien gekauft werden? Kann man Auslandsaktien jederzeit problemlos kaufen und verkaufen? Wieviel Spesen fallen dabei an? Wie ist es mit der Dividende? Was hat es mit dem Währungsrisiko auf sich? Wo findet man den täglichen Aktienkurs, und wo gibt es aktuelle Informationen zu den entsprechenden Firmen? Dies alles sind Fragen, die mir ständig gestellt werden, wenn es um das Thema ausländische Aktien geht. Lassen Sie mich deshalb auf die wichtigsten Punkte beim Kauf von Auslandsaktien eingehen.

Grundsätzlich gilt: Über 1500 Aktien von ausländischen Unternehmen werden an der deutschen Börse auf DM-Basis gehandelt. Die Kurse von Auslandsaktien auf DM-Basis finden Sie im Kursteil Ihrer Tageszeitung. Der Kauf und Verkauf erfolgt zu denselben Konditionen wie bei deutschen Aktien. Von den Gebühren her ist es also gleichgültig, ob Sie bei Ihrer Bank 100 BASF- oder 100 IBM-Aktien kaufen.

Doch nun zu den Besonderheiten: Auch wenn eine Auslandsaktie wie etwa IBM hierzulande auf DM-Basis gekauft werden kann, dann heißt das noch lange nicht, daß dies auch in unbegrenzter Stückzahl möglich ist. So gibt es beispielsweise zahlreiche Auslandsfirmen, von denen hierzulande täglich für weit mehr als 1 Million DM Aktien gehandelt werden. Dazu gehören Firmen wie IBM, Unilever, Philip Morris, Royal Dutch, BP oder Fiat. Wenn Sie Ihrer Hausbank einen Kaufauftrag für Auslandsaktien erteilen, dann will der Bankberater meist von Ihnen wissen, ob er die Aktien an der deutschen Börse oder in den

USA kaufen soll. Um dies zu entscheiden, sollte man darüber informiert sein, wieviel Stück der jeweiligen Aktie an einem Börsentag durchschnittlich in Deutschland gehandelt werden. Hier gibt es zwischen den einzelnen Aktien leider erhebliche Unterschiede.

Wenn Sie etwa 100 Unilever-Aktien kaufen wollen, braucht Ihr Bankberater diesen 40 000-DM-Auftrag nicht nach Amsterdam zu geben, sondern er kauft die Aktien an der Frankfurter Börse. Dagegen gibt es zahlreiche Auslandsaktien, von denen an manchen Tagen nur wenige Stücke gehandelt werden, obwohl es sich dabei um große Unternehmen handelt. Bei all diesen Aktien empfiehlt es sich, den Kaufauftrag an die Heimatbörse zu geben. Dies ist übrigens im umgekehrten Fall genauso. Wenn ein Amerikaner Daimler-Benz-Aktien kaufen will, dann muß auch er sich grundsätzlich für eine inländische oder eine ausländische Börse entscheiden. Daimler-Aktien werden beispielsweise an der New Yorker Börse auf Dollar-Basis gehandelt. Der Amerikaner wird kleinere Stückzahlen in New York kaufen und bei größeren Stückzahlen die Heimatbörsen der Aktie, etwa Frankfurt oder Stuttgart, vorziehen.

Woher erfährt man, wie viele Aktien von einem bestimmten Unternehmen durchschnittlich gehandelt werden? Hier genügt ein Blick in eine Wirtschaftszeitung wie etwa das *Handelsblatt*. Auf der Kursseite befindet sich die Tabelle mit den Börsenumsätzen. Die meisten Anlageberater der Banken kennen ebenfalls die Umsätze der wichtigsten Auslandsaktien. Dies ist ein weiterer Grund, das Depot bei der Hausbank und nicht bei einer Discountbank zu führen – schließlich gibt es dort keinerlei Beratung oder Auskünfte.

Das wichtigste Argument für den Kauf von Auslandsaktien an einer deutschen Börse sind jedoch die Gebühren. Für alle Aktienkäufe in Deutschland fällt dieselbe Gebühr an, gleichgültig, ob es sich um eine in- oder ausländische Aktie handelt. Sobald die Aktie jedoch an der Londoner, New Yorker oder Pariser Börse gekauft wird, entstehen höhere Gebühren. Der deutsche Wertpapierhändler gibt den Auftrag an seinen amerikanischen, englischen oder französischen Kollegen weiter – und der arbeitet schließlich nicht umsonst. Wer größere Beträge anlegt und eine langfristige Anlagestrategie verfolgt, sollte die höheren Gebühren für Auslandskäufe nicht scheuen. Er hat dann die Sicherheit, daß er seine Aktien an der ausländischen Heimatbörse jederzeit unlimitiert zum aktuellen Tageskurs verkaufen kann.

Wie ist das mit dem Währungsrisiko bei Auslandsaktien?

Wenn Sie Aktien von ausländischen Firmen kaufen, gehen Sie dabei immer auch ein Währungsrisiko ein. Dabei ist es sogar völlig gleichgültig, ob

Sie die Aktie in Deutschland auf DM-Basis oder im Ausland in der jeweiligen Landeswährung kaufen. Hierzu ein einfaches Beispiel: Angenommen, Sie beschließen den Kauf von IBM-Aktien. IBM kostet an der Heimatbörse in New York – sagen wir mal – 100 Dollar. Bei einem Wechselkurs des US-Dollars von 1,80 DM pro Dollar kostet eine IBM-Aktie beim Kauf in Deutschland 180 DM. Solange sich der Wechselkurs des US-Dollars nicht ändert, wird die IBM-Aktie an der deutschen Börse auf DM-Basis genauso stark steigen oder fallen wie die IBM-Aktie an der New Yorker Börse. Doch jetzt wird es spannend. Gehen wir davon aus, daß sich der Aktienkurs der IBM-Aktie in den USA nach dem Kauf für 100 Dollar nicht verändert. Dafür ändert sich jedoch der Wechselkurs des US-Dollar. Damit der Einfluß der Währung auf den Aktienkurs deutlich wird, lassen wir den Dollar in unserer Rechnung auf 2 DM steigen. Was passiert nun mit unserer IBM-Aktie?

Die IBM-Aktie wird in New York zwar weiterhin mit 100 Dollar notiert. Der Aktienkurs in Deutschland wird jedoch nach dem aktuellen Devisenkurs umgerechnet. Der Dreisatz lautet: Aktienkurs in USA 100 Dollar, multipliziert mit dem Devisenkurs von 2 DM pro Dollar ergibt einen Aktienkurs von IBM auf DM-Basis von 100 x 2 = 200 DM. Mancher Anleger sagt sich beim Blick auf den Kurszettel: »Meine IBM-Aktie ist von 180 auf 200 DM gestiegen.« Diese Feststellung ist jedoch genaugenommen nicht korrekt. In diesem Beispiel ist nämlich nicht der Aktienkurs von IBM gestiegen, sondern der Wechselkurs von Dollar zur DM. Natürlich wird es den meisten deutschen Anlegern gleichgültig sein, woher die Kurssteigerungen kommen: Gewinn bleibt schließlich Gewinn.

Bringt ein steigender Dollarkurs dem Besitzer von US-Aktien Währungsgewinne, so verhält es sich bei einem sinkenden Dollarkurs genau umgekehrt. Da dies ein immer wiederkehrendes Thema ist, will ich auch kurz erläutern, wie sich ein sinkender Wechselkurs des US-Dollars auf dem Aktienkurs der IBM-Aktie auf DM-Basis auswirkt. Wir gehen wieder davon aus, daß Sie sich zum Kurs von 100 Dollar IBM-Aktien gekauft haben.

Bei einem Wechselkurs von 1,80 DM kostet eine Aktie hierzulande somit 180 DM. Und nun sinkt der Wechselkurs von 1,80 DM auf 1,50 DM. In diesem Fall sinkt auch der Aktienkurs von IBM auf DM-Basis von 180 auf 150 DM.

Bei Auslandsaktien stellt der Devisenkurs, wie wir an den beiden Beispielen gesehen haben, sowohl eine zusätzliche Chance wie auch ein zusätzliches Risiko dar. Dies gilt nicht nur für amerikanische Aktien, sondern genauso für Fiat aus Italien, L'Oréal aus Frankreich, für Canon aus Japan, Türk Tuborg aus der Türkei oder für ČEZ aus Tschechien. Immer dann, wenn die jeweilige Heimatwährung sinkt, notiert die Aktie am nächsten Tag hierzulande entsprechend niedriger, obwohl der Aktienkurs an der Heimatbörse unverändert ist.

Ein großes Währungsrisiko besteht vor allem bei Osteuropaaktien, bei türkischen Aktien, bei Aktien aus Südamerika und vor allem aus Südafrika. Alles Länder mit einem gewaltigen Währungsrisiko. Wer Aktien solcher Herkunft kauft, macht nur dann einen Gewinn, wenn der Aktienkurs an der Heimatbörse schneller steigt, als der Wechselkurs der Devise gegenüber der DM sinkt. Deshalb sollten Sie im Zweifelsfall keine Aktien aus ausgesprochenen Weichwährungsländern kaufen.

Börse und Steuern

Wenn Sie Ihr erspartes und versteuertes Geld anlegen und dafür Zinsen kassieren, dann sind diese Zinsen bekanntlich steuerpflichtig. Diese Steuerbestimmung ärgert Menschen, die ihr Geld nicht ausgeben, sondern sparen, da sie so ihrer Ansicht nach doppelte Steuern zahlen. Daran ändern auch die zuletzt erhöhten Freibeträge nichts, die lediglich die Steuerbelastung mindern. Aus diesem Grunde gibt es in Deutschland sehr viele Menschen, die nur deshalb keine festverzinslichen Anlagen tätigen, weil sie nicht noch mehr Steuern zahlen wollen. Für diese Leute gibt es im Grunde genommen nur zwei Alternativen: das Geld ausgeben oder Aktien kaufen.

In der Tat ist die Aktie eine der wenigen Möglichkeiten, sein Geld nahezu steuerfrei arbeiten zu lassen. Kursgewinne sind bereits 6 Monate nach Kauf steuerfrei. Selbst wenn diese Spekulationsfrist von 6 auf 12 oder 24 Monate erweitert werden sollte, was man in Anbetracht der leeren Bonner Kassen nicht ganz ausschließen kann, ändert sich für den Aktionär wenig. Erstklassige Aktien sind ohnehin langfristige Anlagen, die man in der Regel weder nach 6 noch nach 12 Monaten verkauft. Wenn Sie Ihr Geld in Aktien anlegen, dann können Sie sicher sein, daß die Wertsteigerung im Gegensatz zu festverzinslichen Anlagen steuerfrei ist.

Bieten neue Aktien größere Chancen?

Aktien von Unternehmen, die neu an die Börse kommen, üben einen größeren Reiz aus als altbekannte Titel. Bieten diese sogenannten Neuemissionen aber auch tatsächlich höhere Gewinne?

Unvergeßlich bleibt für langjährige Anleger die Börseneinführung der Puma-Aktie im Jahr 1986. Der erste Ausgabekurs betrug damals rund 500 DM und verdreifachte sich innerhalb weniger Wochen auf 1500 DM.

Aber auch in der jüngeren Vergangenheit gab es bei einigen neuen Aktien spektakuläre Erfolge. Die Likör- und Schnapsfabrik Berentzen schaffte innerhalb von 2 Jahren nach Börseneinführung fast 100 Prozent Kursgewinn. Auch der Erfolg der ostdeutschen Müllentsorgungsfirma SERO war beachtlich. Die Aktie wurde erstmals im März

1995 für 22 DM verkauft; bereits im August desselben Jahres hatte sich der Kurs mehr als verdoppelt.

Für uns als Anleger zählt jedoch nicht ein Einzelergebnis, sondern immer nur der Saldo aller Käufe und Verkäufe. Betrachtet man die Kursentwicklung aller Neuemissionen, dann zeigt sich schnell, daß auch neue Aktien kein Weg zum mühelosen Reichtum sind. Den Gewinnern der letzten Jahre stehen nämlich viele Verlierer gegenüber. Wer Aktien wie MHM Mode, Ravensburger Bau AG, Bien Haus, Schaltbau, Alno-Küchen, Creaton Dachziegelwerke, Friatec Keramik oder Praktiker Baumärkte gekauft hat, der hatte zunächst nicht viel Freude. Statt der erhofften Kursgewinne verzeichneten diese Aktien erst einmal Kursverluste bis zu 50 Prozent.

Viele Anleger fragen uns, ob es Hinweise gibt, welche Neuemission ein Renner wird und welche ein Flop. Leider läßt sich die zukünftige Kursentwicklung weder von etablierten noch von neuen Aktien mit absoluter Sicherheit vorhersagen. Wer jedoch einige Grundregeln beachtet, der kann in etwa abschätzen, in welche Richtung der Kursverlauf gehen wird.

Wie bei den etablierten Aktien hängt der künftige Kurs von neuen Aktien in erster Linie vom weiteren Erfolg des jeweiligen Unternehmens bzw. dessen Produkten ab. Wer Aktien von konjunkturabhängigen Unternehmen kauft, braucht sich über starke Kursschwankungen nicht zu wundern. Deshalb hat der hohe Kursverlust der

Münchner Modeaktie MHM oder der Bauaktie Ravensberger nichts mit Glück oder Pech zu tun. Rückschläge gehören in der Mode und Baubranche zur Tagesordnung. Wer sich dagegen bei Neuemissionen auf möglichst konjunkturunabhängige Aktien konzentriert, erhöht seine Erfolgschancen. Dies bestätigt beispielsweise der kontinuierliche Kursgewinn der Neuemission Berentzen (Getränke) oder Merck (Pharma).

Die Kursentwicklung von Neuemissionen untereinander zu vergleichen macht wenig Sinn. Viel interessanter ist eine Gegenüberstellung von Aktien derselben Branche. Klären Sie vor dem Kauf einer Neuemission also folgende Fragen: In welcher Branche ist die neue AG tätig? Welches sind die direkten Wettbewerber dieses Unternehmens? Aus welchen Gründen könnte diese neue Aktie künftig eine bessere Kursentwicklung nehmen als die vorhandenden etablierten Aktien derselben Branche?

Wer sich beispielsweise die neuen Aktien von Berentzen gekauft hat, verzeichnete im folgenden Jahr erfreuliche Gewinne. Dennoch ist dies noch kein Beweis dafür, daß der Kauf der Berentzen-Aktie eine gute Anlageentscheidung war. Schließlich muß man hierzu zunächst einmal prüfen, was im gleichen Zeitraum aus den Aktien der Wettbewerber geworden ist. Zu den Wettbewerbern von Berentzen gehören Firmen wie der Whiskyproduzent Seagram aus Kanada oder Grand Metropolitan aus England, bekannt durch die Produkte Baileys, Wodka Smirnoff oder Cinzano. Aber auch der Getränkekonzern Cadbury Schweppes könnte zum Vergleich herangezogen werden. Die Kursnotierungen dieser Getränkekonzerne sind im Vergleichszeitraum meist sogar noch stärker gestiegen als die von Berentzen.

Genauso interessant ist ein Vergleich im Pharmabereich. Im Jahr 1995 wurden Pharmaaktien neu an der Börse eingeführt: im Juni zum Kurs von 53 DM die Aktien der Schwarz Pharma AG und im Oktober die Aktien der deutschen Merck AG zum Kurs von 54 DM. (Bitte beachten Sie, daß die deutsche Merck AG ein eigenständiges Unternehmen ist und nicht mit dem amerikanischen Merck-Konzern verwechselt werden darf.) Auch die Käufer dieser beiden neuen Aktien können sich über Kursgewinne freuen, da beide Titel nach Börseneinführung gestiegen sind. Schwarz Pharma kletterte im ersten Jahr nach Börseneinführung um rund 25 Prozent und Merck um rund 10 Prozent.

Schauen wir uns an, wie sich die Kurse etablierter Pharmaaktien im gleichen Zeitraum entwickelten:

Kursentwicklung etablierter Pharmaaktien:

Schering (Deutschland):	+20 Prozent
Glaxo Wellcome (GB):	+35 Prozent
Schering Plough (USA):	+45 Prozent
Pfizer Pharma (USA):	+50 Prozent
Pharmacia Upjohn (USA):	+60 Prozent
Merck (USA):	+65 Prozent

Sie sehen, der Kauf neuer Aktien hat hier keine Vorteile gebracht. Mit etablierten Aktien aus derselben Branche wäre der Gewinn sogar noch höher ausgefallen.

Beispiel Deutsche Telekom
Ähnlich stellt sich auch die Situation für die Käufer der neuen Telekom-Aktie im Jahr 1996. Wer das Glück hatte, einige Stücke der T-Aktie zum Ausgabepreis von 28,50 DM zu ergattern, konnte sich im darauffolgenden Jahr über Kursgewinne von bis zu 50 Prozent freuen.

Auch wenn dieser Kursgewinn auf den ersten Blick überdurchschnittlich erscheint, so relativiert sich dieser dennoch, sobald man auch hier einen Vergleich anstellt. 1997 kam es in Deutschland allgemein zu einem Kursfeuerwerk, und im Vergleich zu den übrigen DAX-Werten entwickelte sich die Telekom-Aktie sogar eher unterdurchschnittlich. Wer das »Windhundrennen« um die T-Aktie nicht mitmachen wollte und sich deshalb statt der heimischen Telekom beispielsweise die spanische »Telefónica« gekauft hat, der verbuchte damit sogar einen doppelt so großen Erfolg. Überlegen Sie sich deshalb künftig vor dem Kauf einer neuen Aktie, ob es nicht sinnvoller ist, in einen bereits gehandelten Titel zu investieren.

Die Hauptversammlung: Wenn die Eigentümer kommen

Einmal pro Jahr lädt jede Aktiengesellschaft die Anteilseigner zur Hauptversammlung ein. Ab März beginnt bei den meisten Firmen die Zeit der Aktionäre. Innerhalb von 5 Monaten finden in Deutschland rund 500 Hauptversammlungen statt. Obwohl der private Kleinaktionär bei den Abstimmungen nichts bewegen kann, lohnt sich der Besuch einer Hauptversammlung allemal.

Für mich ist beim Besuch einer Hauptversammlung immer wieder interessant, wie unterschiedlich sich die jeweiligen Unternehmensvorstände präsentieren. So erinnere ich mich z. B. an die überzeugenden Redebeiträge des früheren Vorstandes der Schwabengarage AG (heute SG Holding) in Stuttgart, Lothar Pulvermüller. Wie kaum ein anderer schaffte er es, Probleme verständlich darzustellen und Lösungsmöglichkeiten aufzuzeigen. Er ließ es sich auch nicht nehmen, sämtliche Fragen der Besucher ausführlich selbst zu beantworten. Obwohl die Schwabengarage AG zu den zyklischen Papieren des Kurszettels gehört, entwickelte sich die Aktie zu Pulvermüllers Zeiten zu einer lukrativen Anlage. Gerade in der Automobilbranche ist dies eine besondere Leistung.

Auf der anderen Seite haben mich die Einblicke, die ich beim Besuch mancher Hauptversammlung gewonnen habe, schon einige Male bewogen, mich sofort von der betreffenden Aktie zu trennen. Der miserable Stil, in dem sich manche Vorstände den Aktionären präsentieren, kann durchaus Rückschlüsse auf das Unternehmen zulassen. So besuchte ich einmal die Hauptversammlung einer bekannten Sektkellerei aus der Pfalz. Dieses Aktionärstreffen, das alljährlich kurz vor Weihnachten im »Haus der Wirtschaft« in Stuttgart stattfindet, ist bei vielen Anlegern sehr beliebt, denn die Besucher bekommen zu diesem Anlaß kartonweise den Markensekt des Unternehmens geschenkt. Was mich damals veranlaßte, kopfschüttelnd die Veranstaltung zu verlassen, war das Benehmen von Vorstand und Aufsichtsrat. Dem Vorstand waren die Fragen der Aktionäre sichtlich lästig; Antworten wurden nur in arrogantem Ton gegeben. Dabei sind die Aktionäre die Eigentümer des Unternehmens! Zu allem Überfluß mischte sich der Aufsichtsrat und Hauptaktionär der Sektkellerei in die Diskussion ein. Es drängte sich der Eindruck auf, daß dieser Mann, der schließlich den Vorstand beaufsichtigen, das heißt kontrollieren soll, ein Opfer der Produkte seiner Firma war.

Gegen den Vorstand wurde inzwischen ein Strafverfahren wegen Betrugs eingeleitet, und erstmals wird in der Presse darüber berichtet, daß die Alkoholprobleme des Aufsichtsrates schon lange bekannt waren. Sie sehen, welch interessante Informationen man von manch einer Hauptversammlung mit nach Hause nehmen kann. Informationen, die in keinem Geschäftsbericht und in keiner Zeitung stehen. Deshalb kann ich Ihnen nur nochmals empfehlen, wenigstens hin und wieder eine Hauptversammlung zu besuchen.

Dividendenjäger: Erfreulicher Nebenverdienst

Wer Aktien kauft, will Kursgewinne erzielen. Dennoch dürfen die regelmäßigen Dividendenzahlungen nicht übersehen werden. Bei der Dividende handelt es sich um den Teil der Unternehmensgewinne, der an die Aktionäre ausgezahlt wird. Der restliche Gewinn bleibt im Unternehmen.

Bei manchen Firmen sind die Dividendenzahlungen oft höher als Sparbuchzinsen. Immer mehr Anleger fragen beim Aktienkauf auch nach der Höhe der jeweiligen Dividende. Diese ist von Firma zu Firma völlig unterschiedlich. Sie hängt in erster Linie von den Gewinnen ab. Ein Unternehmen, das keine Gewinne macht, kann langfristig keine Dividende ausschütten. Wer auf hohe Dividenden Wert legt, sollte in seinem Depot Aktien der großen Ölmultis wie Royal Dutch (Shell), Exxon (Esso) oder British Petroleum (BP) bevorzugen. Wenn manche Unternehmen nur einen kleinen Teil der Gewinne ausschütten, muß das kein Nachteil sein. Viele Firmen verwenden die Gewinne lieber für Investitionen oder für die Forschung und Entwicklung neuer Produkte. In diesem Fall ist die Dividendenrendite niedrig. Dafür erhöht sich aber der Wert des Unternehmens, und dies führt früher oder später zu stärker steigenden Aktienkursen. Da Dividenden im Gegensatz zu Kursgewinnen steuerpflichtig sind, bevorzugt mancher Aktionär gerade solche Aktien ohne oder nur mit geringer Dividende. Beurteilen Sie deshalb eine Aktie niemals nur aufgrund der Dividendenrendite, sondern immer auch anhand der langfristigen Kursentwicklung. Ich will dies an einigen Beispielen verdeutlichen.

Citicorp (USA) kontra Commerzbank (Deutschland)

Die amerikanische Citicorp (in Deutschland als Citibank bekannt) zahlt eine Dividende von jährlich rund 1 Prozent. Unsere heimische Commerzbank zahlt eine Dividende einschließlich Steuergutschrift von jährlich 18 DM. Damit errechnet sich eine Brutto-Dividendenrendite von 3 bis 4 Prozent. Und dennoch: Der Aktienkurs der Citicorp hat sich in den letzten 5 Jahren mehr als vervierfacht, das heißt, der Aktionär hat einen Kursgewinn von 300 Prozent zu verzeichnen. Bei der Commerzbank hat sich dagegen der Aktienkurs im gleichen Zeitraum gerade mal um 50 Prozent gesteigert. Der Aktionär der US-Bank wird dem Anteilseigner der deutschen Bank die höhere Dividende also nicht neiden.

In Deutschland gibt es zahlreiche Aktien mit relativ hohen Dividendenzahlungen. Leider bieten nur sehr wenige eine zusätzliche kontinuierliche

Kurssteigerung. Hier ein Überblick über bekannte Aktien mit einer überdurchschnittlichen Dividende.

Aktien mit überdurchschnittlicher Dividende.

Hach Werbeartikel	7 Prozent
Kolb & Schüle	7 Prozent
Praktiker Baumärkte	6 Prozent
Schaerf VZ	6 Prozent
Tiptel Anrufbeantworter	5 Prozent
Doag Holding	5 Prozent
Brüder Mannesmann	5 Prozent
Fröhlich Bau	5 Prozent

10 Prozent Dividende: Gibt es das?

Zahlreiche Unternehmen locken mit überdurchschnittlich hohen Dividenden, teilweise mit Zehnprozentern. Wer Aktien von Unternehmen mit extrem hoher Dividende kauft, muß jedoch wissen, daß gerade solche Aktien ein besonders hohes Risiko bergen. Was nützt die bisherige hohe Dividende, wenn diese aufgrund zurückgehender Unternehmensgewinne künftig nicht mehr bezahlt werden kann? Dividenden sind ja keine Zinszahlungen des Unternehmens für einen Kredit, sondern Gewinnausschüttungen an die Aktionäre. Folglich kann eine Dividende nur dann gezahlt werden, wenn entsprechende Gewinne gemacht werden.

Konstant Gewinne zu erzielen ist schon für die großen Konzerne schwer. Ungleich schwerer ist dies für kleinere Unternehmen. So hat selbst Deutschlands größter Industriekonzern, die Daimler-Benz AG, im Jahr 1996 die Dividendenzahlung für ein Jahr gestrichen. Als Grund wurden die hohen Verluste der Tochtergesellschaften Fokker und AEG genannt. Bei Aktien mit zweistelligen Dividendenrenditen ist deshalb zunächst größte Vorsicht geboten. Solche Aktien dürfen nur gekauft werden, wenn ausreichende Informationen über das Unternehmen eingeholt wurden.

Fremdgehen lohnt sich: Dividendenstarke Auslandsaktien

Immer mehr Anleger wünschen sich nicht nur hohe Dividenden, sondern auch erfreuliche Kursgewinne. Wenn Sie jetzt denken, das wäre nicht möglich, dann irren Sie sich. Verlassen wir hierzu unsere heimische Börse und sehen uns bei den internationalen Aktien um. Dies ist nicht kompliziert. Schließlich werden die Kurse und Dividenden der bekanntesten Auslandsaktien in jeder Wirtschaftszeitung veröffentlicht. Mittels einfacher Dreisatzrechnung trennt man schnell die Spreu vom Weizen.

Wer auf regelmäßige Dividendenzahlung Wert legt, muß sich für ein Unternehmen mit möglichst langjährigem kontinuierlichem Umsatz und Gewinnzuwachs entscheiden. Die höchste Dividende nützt gar nichts, wenn der Aktienkurs des jeweiligen Unternehmens fällt.

Die alten Hasen im Börsengeschäft wissen, daß es nur wenige Branchen gibt, bei denen die Aktionäre über Jahrzehnte hinweg mit kontinuierlichem Kurs und Dividendenerträgen verwöhnt werden. Eine davon ist die Ölbranche. Gleichgültig, ob der Rohölpreis auf den Weltmärkten niedrig oder hoch ist, die internationalen Multis gewinnen immer. Schließlich verkaufen sie ihre Produkte in der Regel an den eigenen Tankstellen und können Preisveränderungen viel leichter an den Kunden weitergeben als ein Hersteller, der seine Produkte über fremde Handelskonzerne verkaufen muß.

Exxon (Esso): 4 Prozent Dividende

Die Aktie des amerikanischen Ölmultis ist bei Dividendenjägern beliebt. Die Dividendenzahlung (zuletzt 4 Dollar pro Aktie) erfolgt seit Jahrzehnten. Ich kann mich nicht erinnern, daß die Dividende bei Exxon jemals gekürzt oder gestrichen worden wäre. Selbst als vor einigen Jahren das große Tankerunglück vor Alaska hohe Schadensersatzzahlungen verursachte, wurde an der Dividendenzahlung nicht gerüttelt. Mit einer Dividendenrendite von zuletzt rund 4 Prozent und einer zusätzlichen Kurssteigerung von durchschnittlich jährlich 8 bis 10 Prozent gehört die Exxon-Aktie zu den Basisanlagen in einem Dividendendepot.

Royal Dutch (Shell): 3 Prozent Dividende
Das europäische Gegenstück zur amerikanischen Exxon ist die holländische Royal Dutch (Shell). Der Multi gehört zu den gewinnstärksten Konzernen Europas. Umsatz, Gewinn und Dividende werden seit Jahrzehnten gesteigert. Obwohl Royal Dutch mit der Bohrinsel »Brent Spar« einen Imageschaden erlitten hat, hatte dies keine Auswirkungen auf Gewinn und Dividende. Auch Royal Dutch beschert den Aktionären seit vielen Jahren durch Dividenden und Kurssteigerungen eine zweistellige Rendite.

BP (England): 3 Prozent Dividende
Der britische Ölkonzern steht in punkto Dividende und Kursgewinne Exxon und Royal Dutch kaum nach. Auf derzeitigem Kursniveau errechnet sich eine Rendite von gut 3 Prozent. Auch die Kurssteigerungen bei BP sind überaus erfreulich. In den letzten Jahren hat sich der Kurs verdreifacht.

BAT (England): 4 Prozent Dividende
Nur wer viel verdient, kann hohe Dividenden ausschütten. Außer der Ölbranche ist dies nur in der Tabakindustrie der Fall. Preissteigerungen können hier verhältnismäßig einfach durchgesetzt werden; schließlich bezieht sich eine solche Erhöhung stets auf den Fabrikabgabepreis und nicht den Endpreis. Wenn eine Schachtel Zigaretten 5 DM kostet, dann erhält hiervon der Hersteller höchstens 1 DM. Der Rest ist Steuer und

Handelsspanne. Eine Preiserhöhung von 10 Prozent beim Zigarettenhersteller entspricht einer Erhöhung von nur 10 Pfennigen (10 Prozent von einer DM). Bezogen auf den Endpreis von 5 DM ergibt sich für den Verbraucher eine Preiserhöhung von nur 2 Prozent (10 Pfennig von 5 DM = 2 Prozent). Dies ist, vereinfacht ausgedrückt, der Grund, warum die Tabakindustrie seit Jahrzehnten fast unbemerkt sämtliche Preiserhöhungen voll weitergeben kann. Deshalb gelten Tabakaktien bei den Dividendenjägern als erste Wahl.

Naturaldividenden: Dreingabe für Aktionäre

Wenn sich die Aktionäre zur Hauptversammlung treffen, geht es manchem mehr um das Menü als um die Macht. Eifrige Hauptversammlungsbesucher kennen längst die Unternehmen, die ihre Aktionäre z. B. mit kulinarischen Höhepunkten verwöhnen. Nüchterne Beobachter sprechen in diesen Fällen von Naturaldividenden. Als Geheimtip gelten hierbei von jeher die Hauptversammlungen der Brauereien. Freibier und deftige Bewirtung lassen manchen Kritiker schnell seinen Ärger über die schlechte Kursentwicklung vergessen.

Wem es auf eine großzügige Naturaldividende ankommt, der muß die Hauptversammlungen der Großkonzerne meiden. So bewirtet beispielsweise der Daimler-Benz-Konzern die Besucher der Hauptversammmlung durchschnittlich mit 15000 heißen Würstchen und 10000 Tassen Kaffee. Wer die Hauptversammlung der Düsseldorfer Henkel AG besucht, erhält zusammen mit der Eintrittskarte eine Freikarte für die Benutzung der Straßenbahn. Als Begrüßungsgeschenk gibt es jeweils ein Paket Persil und alles, was Henkel sonst noch herstellt.

Bei der Kölner Stollwerck AG wird eine Auswahl an Schokolade und sonstigen Süßigkeiten verschenkt, und beim Chemiemulti Bayer kann es auch schon mal ein Fotoset mit Fotoapparat und Film sein. Etwas ganz Besonderes gibt es beim Textilhersteller Triumph International: Im Anschluß an die Hauptversammlung verwöhnt das Unternehmen seine Anteilseigner mit einer Dessous-Modenschau.

Jenseits deutscher Grenzen ist es indiskutabel, die Aktionäre mit Würstchen, Kaffee und Kuchen abzuspeisen. Ausländische Aktiengesellschaften umwerben ihre Aktionäre viel stärker, als deutsche AGs dies tun. Die Schweizer Fluggesellschaft Swissair etwa bietet den Anteilseignern Flüge an, die nur rund die Hälfte kosten. Börsennotierte Unternehmen in den USA lassen sich teilweise ganz besondere Vergünstigungen einfallen. Der Elektronikriese Tandy gewährt Neuaktionären einen Rabatt von 10 Prozent auf alle Konzernprodukte. Die Santa-Anita-Companie lädt Aktionäre mit mehr als 100 Aktien einmal im Jahr zu einem bekannten Pferderennen ein.

Ein schönes Geschenk macht auch der Ölgigant Exxon (Esso) seinen Anteilseignern in den USA. Er stellt allen US-Aktionären eine Software zur Verfügung, mit der sie ihre Börsengeschäfte in den USA direkt erledigen können. Damit entfällt die Provision für den Börsenmakler. Relativ bescheiden nimmt sich dagegen das Präsent von Wrigley-Kaugummi aus: Jeder Besucher der Hauptversammlung erhält eine Box mit 20 Paketen Kaugummi.

Auch auf die Gepflogenheiten einiger englischer Firmen möchte ich hinweisen. Wer als Aktionär bei der Firma KWIK FIT den Auspuff seines Autos oder die Räder erneuern läßt, erhält automatisch einen Aktionärsrabatt. Teilhaber der Modefirma Laura Ashley bekommen zusammen mit dem Geschäftsbericht einen Gutschein für verbilligten Einkauf in allen Geschäften in Großbritannien. Und wer gar Aktionär einer bekannten Hotelkette ist, kann künftig bei allen Übernachtungen in »seinem« Hotel mit einem Sonderpreis rechnen.

Die Börsenprognosen der Profis

Prognosen von Börsengurus sorgen häufig für viel Aufregung. Den meisten Börsengrößen geht es jedoch meist nur darum, in die Schlagzeilen zu kommen. Dies erhöht den Bekanntsheitgrad und ist ein ideales Werbeinstrument, etwa für die horrend teuren Anlegerseminare, welche die betreffende Koryphäe möglicherweise abhält, oder für deren soeben veröffentlichtes Buch. Als Anleger sollten Sie derartigen Prognosen nicht blind vertrauen, denn auch Gurus tippen oft daneben. Insbesondere »Weltuntergangs«-Prophezeiungen treffen in vielen Fällen nicht zu.

Eines von vielen erheiternden Beispielen ist der Bestsellerautor Professor Ravi Batra, der im Januar 1991 in einem Interview mit der *Wirtschaftswoche* eine düstere Zukunft für Wirtschaft und Börse prognostizierte. Der Dow-Jones-Index würde auf 1000 Punkte fallen, und auch den deutschen Aktien werde es schlecht ergehen. »Die große Depression wird Ende 1991 einsetzen und 7 Jahre dauern«, meinte Professor Batra. »Ich habe deshalb sogar mein eigenes Haus verkauft und wohne seit kurzem zur Miete.« Ein bekannter Banker aus Brüssel gilt als der bekannteste Crash-Prophet Europas. Im Juli 1993 wurde ihm – ebenfalls in einem Interview mit der *Wirtschaftswoche* – folgende Frage gestellt: »Seit 2 Jahren sagen Sie jetzt schon den Börsenkrach voraus. Inzwischen sind die Aktienkurse in New York, London und Paris auf neue Höchststände geklettert. Schlimmer kann man nicht danebenliegen. Wann kommt denn nun der Crash?« Antwort des Crash-Propheten: »Das kann noch im Herbst dieses Jahres sein. Der Börsenkrach wird so schlimm, daß die Aktionäre die Hälfte ihres Einsatzes verlieren!« In der Folgezeit haben sich die Aktienkurse weltweit verdoppelt und verdreifacht.

Prognosen auf Börsenkurse und wirtschaftliche Entwicklungen sollten Sie nicht überbewerten. Die entsprechenden finanziellen und wirtschaftlichen Prozesse sind sehr kompliziert und teilweise kaum oder gar nicht berechenbar. Aktienkurse werden eben nicht von Analysten bestimmt, sondern haben ihre eigene Logik.

Spekulieren mit Optionsscheinen

In einem Ratgeber für Aktienanlagen darf das Thema Optionsscheine nicht fehlen. Schließlich werden nirgendwo auf der Welt jeden Tag so viele der sogenannten Hebelpapiere gehandelt wie in Deutschland. An einem normalen Börsentag beläuft sich der Umsatz mit Optionsscheinen hierzulande auf mehrere hundert Millionen Mark. Die Anzahl der verschiedenen »Warrants«, wie Optionsscheine auch genannt werden, hat längst die der Aktien übertroffen.

Optionsscheine sind Wertpapiere, die täglich an der Börse gehandelt werden. Kauf und Verkauf erfolgen über die Hausbank. Die Kurse von Optionsscheinen findet man im Wirtschafts- bzw. Börsenteil jeder größeren Tageszeitung.

Das Prinzip von Optionsscheinen ist schnell erklärt: Steigt der Kurs einer Aktie beispielsweise um 10 Prozent, dann steigt der Preis des jeweiligen Optionsscheines gleich um ein Mehrfaches davon. Diese sogenannte Hebelwirkung ist der Grund, warum viele Börsianer statt Aktien lieber

Optionsscheine kaufen. Leider wirkt dieser »Hebel« auch in die andere Richtung. Fällt der Kurs der jeweiligen Aktie, dann sinkt der Wert des Optionsscheins doppelt oder dreifach so schnell.

Mit Optionsscheinen lassen sich hin und wieder erfreuliche Einzelgewinne erzielen. Je länger man jedoch in Hebelpapiere investiert, desto sicherer landet man im Verlustbereich. Das Optionsgeschäft ist mit dem Roulettespiel vergleichbar; auch dort sind auf Dauer keine Gewinne möglich. Mir ist noch kein Anleger begegnet, der mit diesen Hebelpapieren langfristig auf der Gewinnerseite geblieben ist. Großen Gewinnmeldungen stehe ich skeptisch gegenüber. Im Gegensatz zu Aktien werden wertlos gewordene Optionsscheine von der Bank einfach im Depot ausgebucht und erscheinen deshalb gar nicht mehr auf dem Depotauszug. Da kommt es schon mal vor, daß der eine oder andere Verlust in der persönlichen Erfolgsbilanz »vergessen« wird. Skepsis gegenüber Optionsscheinen wird auch durch den Umstand bestätigt, daß die beiden in Deutschland gehandelten Investmentfonds für Optionsscheine (K&W OS Fonds und MMWI OSWA Fonds) seit ihrer Gründung in den Jahren 1989/90 mehr als 50 Prozent an Wert verloren haben. Bis heute hatte keine Fondsgesellschaft mehr den Mut, einen weiteren Optionsscheinfonds aufzulegen.

Warum liest man in Börsenzeitungen dennoch ständig so viel über die Gewinnmöglichkeiten von Optionsscheinen? Dabei wissen die meisten

Redakteure genau, daß mit diesen Papieren keine langfristigen Gewinne erzielt werden können.

Der Widerspruch ist leicht aufgeklärt. Fast jede zweite Anzeige in den Börsenzeitschriften stammt von einem Emissionshaus für Optionsscheine! Das muß nicht heißen, daß sich die Zeitschriften von den Anzeigenkunden »kaufen« lassen. Dennoch ist es natürlich ungemein schwierig, im Redaktionsteil das Gegenteil von dem zu schreiben, was dem Leser im bezahlten Anzeigenteil suggeriert wird. Haben Sie jemals einen Bericht darüber gelesen, wie viele Millionen Mark jedes Jahr mit Optionsscheinen verloren werden? Da müssen Sie lange suchen.

Wenn ich Börsenjournalisten auf diese Problematik anspreche, dann stelle ich immer wieder fest, daß es hier zwei »Lager« gibt. Zahlreiche Schreiber glauben tatsächlich, daß »mit Optionsscheinen schon Gewinne möglich sind«. Eine echte, langfristige und konkrete Erfolgsbilanz konnte mir indessen noch kein Börsenjournalist vorweisen. Ich bezweifle ohnehin, daß die Mehrzahl der Zeitungsleute, die Tag für Tag und Woche für Woche über Optionsscheine berichten, selbst solche Papiere besitzt. Die Journalisten des zweiten »Lagers« geben offen zu, daß sie von Optionsscheinen nichts halten. Sie stellen sich jedoch auf den Standpunkt, daß sich viele Leser für das Thema interessieren und Berichte über Optionsscheine deshalb in einer Börsenzeitschrift nicht fehlen dürfen. Eine ausdrückliche Kaufempfehlung wäre ja immer noch etwas anderes und würde von ihnen nicht ausgesprochen.

Ich habe einmal wahllos in einer Ausgabe des bekanntesten deutschen Wirtschaftsmagazins geblättert und die Sache geprüft. Auf der Seite »Geld & Gewinn« wurde ich schnell fündig: »Vierfach-Wette: Wem herkömmliche Optionsscheine zu brav sind, der bekommt mit dem Quattro-Optionsschein von Bankers Trust einen vierfachen Nervenkitzel. Der Schein kostet aktuell 10 DM. Entwickeln sich die zugrundeliegenden Währungen entsprechend, dann erhält der Optionsscheininhaber bis zu 80 DM pro Schein.« Eine Verachtfachung des Kapitaleinsatzes gefällt den Lesern. Natürlich hat der Journalist nur darüber berichtet, was man mit Optionsscheinen verdienen kann. Dennoch werden durch solche Berichte Leser zur Spekulation animiert, die von sich aus nicht auf diese Idee gekommen wären.

Schnellkurs im Optionsscheingeschäft

Wer nach dieser ernüchternden Einleitung immer noch Lust hat, mit Optionsscheinen zu spekulieren, erhält hier einen Schnellkurs für das Geschäft mit den Hebelpapieren. Die anderen, die hoffentlich die Überzahl darstellen, blättern einfach weiter.

Zunächst das Grundsätzlichste: Ein Optionsschein ist eine Art Gutschein. (Die Profis im Börsengeschäft mögen es mir verzeihen, wenn ich den Optionsschein als einen Gutschein bezeichne. Da dieser Ratgeber jedoch weniger von Profis, sondern eher von Neulingen im Börsengeschäft gelesen werden soll, bleibe ich bei dieser Darstellung.)

Die Risiken beim Kauf einer Aktie kennen Sie mittlerweile: Kommt es zu einem Kursrückgang, ist die Situation für den Aktionär einfach. Wenn es sich um ein solides Unternehmen handelt, bei dem nicht gleich ein Konkurs droht, dann sitzt er den Kursrückgang einfach aus. Früher oder später wird eine gute Aktie jeden Kursverlust aufholen. Im schlimmsten Fall kann dies ein paar Jahre dauern. Zwischendurch gibt es meist eine Dividende, und wenn man vom jeweiligen Unternehmen ganz besonders überzeugt ist, dann kann man nach einem starken Kursrückgang nochmals Aktien nachkaufen. Fachleute nennen das »Einstandsverbilligung«. So erreicht man oft schneller die Gewinnzone.

Beim Optionsschein dagegen kann man einen Kursrückgang weder aussitzen noch durch Nachkäufe »verbilligen«. Der Optionsschein hat eine begrenzte Laufzeit, in der Regel 1 Jahr. Danach wird er wertlos. Steigt der Kurs der Aktie erst nach Ende der Laufzeit des Optionsscheins, hilft das dem Optionsscheinspekulanten gar nichts. Obwohl er die zugrundeliegende Aktie richtig eingeschätzt hat, war das falsche »Timing« sein Verderben.

Der Hebel sorgt für Spannung

Jetzt komme ich zum Kernpunkt des Optionsscheingeschäfts. Wie errechnet sich der wirkliche Wert eines Optionsscheines? Was muß passieren, damit der Optionsschein steigt oder fällt?

Grundsätzlich gilt, daß ein Optionsschein immer den Betrag wert ist, um den man die zugrundeliegende Aktie billiger kaufen kann als an der Börse. Dieses Prinzip sei an einem beliebten Beispiel erläutert. Sie erinnern sich, daß ich einen Optionsschein mit einem Gutschein verglichen habe. Stellen Sie sich vor, Sie würden von mir einen Gutschein zum Kauf eines Maßkruges mit Bier beim Münchner Oktoberfest erhalten. Mit diesem »Biergutschein« dürfen Sie eine Maß Bier zu einem Sonderpreis von 8 DM statt zum regulären Preis von 10 DM kaufen. Auf diese Weise besitzt der Gutschein einen Wert von exakt 2 DM, weil Sie das Bier damit 2 DM billiger kaufen können. Und jetzt wird es spannend. Sollte der Bierpreis beim nächsten Oktoberfest um 20 Prozent, also von 10 auf 12 DM steigen, dann steigt der Wert Ihres Gutscheins parallel dazu von 2 auf 4 DM. Dies sind jedoch keine 20, sondern bereits 100 Prozent. Sie könnten diesen Gewinn also zum doppelten Wert von 4 DM an einen Biertrinker verkaufen, weil dieser damit das Bier statt für 12 DM für 8 DM kaufen kann.

Beim »Bier-Optionsschein« droht indessen dasselbe Risiko wie an der Börse: Sollte der Bierpreis von 10 auf 8 DM sinken, dann wäre der Gutschein wertlos. Wer bezahlt schon etwas für einen Gutschein, mit dem man lediglich zum normalen Preis kaufen kann. Sie sehen, 20 Prozent Kursanstieg beim Basiswert (in diesem Fall beim Bierpreis) erhöhen den Wert des Optionsscheins (Biergutschein) um volle 100 Prozent. Man spricht mithin von einer fünffachen Hebelwirkung.

Eine Besonderheit im Optionsgeschäft ist, daß manche Leute auch noch für einen Optionsschein Geld bezahlen, der rechnerisch gar nichts mehr wert ist. Welche Überlegung steckt hier dahinter? Die Käufer eines solchen Optionsscheins spekulieren auf die noch vorhandene Gültigkeitsdauer des Scheins oder, fachmännisch ausgedrückt, auf die Restlaufzeit. In dieser Zeit könnte der aktuelle Kurs der zugrundeliegenden Aktie oder der Währung den Bezugspreis überspringen, und schon hätte der Optionsschein wieder einen »richtigen« Wert.

Wenn Sie bei der Lektüre des Kursteils der Zeitungen die Kurse der Optionsscheine mit dem tatsächlichen rechnerischen Wert vergleichen, dann stellen Sie fest, daß manche Scheine etwas mehr kosten, als sie eigentlich wert sind. Diese Differenz heißt »Aufgeld«. Im Beispiel meines »Bieroptionsscheines« sieht die Rechnung folgendermaßen aus: Der Bierpreis liegt bei 10 DM. Der Optionsschein (Gutschein) berechtigt Sie zum Kauf eines Bieres zum Sonderpreis von 8 DM. Der Wert des Optionsscheines beläuft sich somit auf 2 DM. An der Börse wird der Schein jedoch für 3 DM gehandelt, 1 DM mehr, als der Schein rechnerisch wert ist. Diesen Betrag bezeichnet man als »Aufgeld«. Der Grund hierfür liegt in der Laufzeit, also der Gültigkeitsdauer eines solchen Optionsscheins. Wenn ich Ihnen sage, daß die Laufzeit des Gutscheins beispielsweise 10 Jahre beträgt, dann ist die Sache schon nicht mehr so einfach. Sollte der Bierpreis in den nächsten 10 Jahren deutlich über 12 DM steigen, dann wird dieser Gutschein recht wertvoll. Diese Spekulation ist natürlich besonders riskant.

Auf was man alles mit Optionsscheinen spekulieren kann

Auf den Bierpreis kann man in der Tat noch nicht spekulieren. Dafür gibt es längst nicht nur Optionsscheine auf Aktien, sondern auch auf Devisen, auf den Aktienindex, auf Zinsen, Rohstoffpreise oder Gold. Der Optionsscheinprofi begnügt sich nicht damit, auf steigende Preise zu spekulieren, sondern er nutzt auch die Chance, mit sogenannten PUT-Optionsscheinen bei sinkenden Kursen Geld zu verdienen. Wenn Sie bei Ihrer Hausbank einen Blick in den Kursteil der amtlichen Börsenzeitung oder einer anderen Fachzeitschrift werfen, dann werden Sie aus dem Staunen nicht mehr herauskommen. Um den Umfang des Optionsscheingeschäftes im Verhältnis zum klassischen Aktiengeschäft hierzulande zu verdeutlichen, füge ich eine Statistik aus dem *Optionsschein Magazin,* einem Fachblatt für Spekulanten, an:

Das Optionsscheingeschäft:
1000 Optionsscheine auf steigende Aktien
500 Optionsscheine auf fallende Aktien
100 Optionsscheine auf Branchen (Baskets)
400 Optionsscheine auf einen steigenden DAX
300 Optionsscheine auf einen fallenden DAX
1000 Währungsoptionsscheine
500 Zins-Optionsscheine
50 Edelmetall-Optionsscheine

Wenn man davon ausgeht, daß die Banken und Emissionshäuser diese Scheine nicht verkaufen, um Deutschlands Spekulanten reich zu machen, dann sollte selbst der größte Optimist nachdenklich werden. Das Geschäft mit den Hebelpapieren ähnelt in der Tat dem Roulettespiel. Beim Optionsscheingeschäft sollte man auf jeden Fall viel Durchblick haben. Wenn Sie Optionsscheine kaufen wollen, dann sollten Sie stets solche wählen, die einen niedrigen Bezugspreis, eine lange Laufzeit und kein Aufgeld aufweisen. Diese Scheine gibt es, und sie bieten Ihnen neben der Gewinnchance den Vorteil, daß Sie mit Ihrem Geld recht lange spekulieren und auf diese Weise viel Erfahrung im Geschäft mit den Hebelpapieren sammeln können.

Teil II: Immobilien

Lohnt es sich noch, Immobilien zu kaufen?

Jahrzehntelang galten Haus- und Grundbesitz als der sicherste Weg, wohlhabend zu werden. Seit Mitte der 90er Jahre sind die Bürger jedoch verschreckt. Von sinkenden Preisen und Schwierigkeiten bei der Vermietung und beim Verkauf wird berichtet. Ist es vorbei mit dem scheinbar mühelosen Weg zum Wohlstand durch Immobilien? Wie ernst muß man denjenigen nehmen, der uns den Immobilienkauf ausreden will?

Wenn Ihnen jemand erzählt, daß Immobilien »auch nicht mehr das sind, was sie einmal waren«, dann fragen Sie ihn erst einmal, ob er selbst Immobilien besitzt. Bei den »klugen Beratern«, so stellt sich dann meist heraus, handelt es sich oft um Personen, die selbst noch nie eine Wohnung oder ein Haus gekauft haben. Weil sie zu den »Besitzlosen« zählen, hören sie das Krisengerede um Immobilien vielleicht sogar mit einer gewissen Schadenfreude. Seien Sie auch Presseberichten gegenüber skeptisch. Der Kauf einer Eigentumswohnung, eines Wohnhauses oder gar einer Immobilie als Kapitalanlage hat bei der Mehrzahl der Journalisten, die überdies nicht unbedingt besonders fachkundig ist, traditionell keinen so hohen Stellenwert wie beispielsweise bei vielen Angehörigen »bodenständiger« Berufe. Wer der Immobilie ohnehin kritisch gegenübersteht, wird bei der kleinsten Krise in seinen Bedenken bestärkt. In diesem Punkt unterscheiden sich die Ansichten über Immobilien nicht von denen über Aktien. Wer aus Angst vor Kursverlusten keine Aktien kauft, wird bei einem Kursrückgang erst recht keine kaufen. Er wird bei jeder Gelegenheit darauf hinweisen, daß er von jeher vor Aktien gewarnt hätte und wie gut es doch gewesen sei, von dieser Anlage die Finger zu lassen. Der beste Berater in Aktien- wie in Immobilienangelegenheiten ist immer der erfolgreiche Praktiker, einer, der selbst schon lange Aktien oder Immobilien besitzt. Lassen Sie sich deshalb stets von Praktikern beraten.

Genauso wie an der Börse gilt auch im Immobiliengeschäft: Immobilie ist nicht gleich Immobilie. So wie bei der Geldanlage in Aktien differenziert werden muß, können auch die verschiedenen Immobilien nicht in einen Topf geworfen werden.

Da gibt es Immobilien zum Selbstbezug, das sind üblicherweise Einfamilienhäuser, Reihenhäuser, Bungalows, Doppelhaushälften oder Eigentumswohnungen. Weiterhin unterscheidet man Neubauobjekte vom Bauträger und gebrauchte Immobilien aus zweiter Hand. Eine andere große Gruppe sind die Immobilien zum Vermieten, wozu neben den Eigentumswohnungen und dem Mehrfamilienhaus das Geschäftshaus bzw. Gewerbeobjekt zählt. Es liegt auf der Hand, daß derart unterschiedliche Objekte bei der Beurteilung nicht über einen Kamm geschert werden können. Wer deshalb den Immobilienmarkt pauschal beurteilt, disqualifiziert sich selbst. Lassen Sie mich zunächst auf die Vor- und Nachteile der unterschiedlichen Immobilien eingehen.

Die Eigentumswohnung zum Selbstbezug

Warum gibt es in Deutschland immer noch einen so großen Prozentsatz an Menschen, die eine Mietwohnung einer Eigentumswohnung vorziehen? Wenn man Leute fragt, die zur Miete wohnen, warum sie bisher keine Wohnung gekauft haben, dann erhält man oft zur Antwort: »Die monatliche Belastung für Zins und Tilgung im Vergleich zur Miete ist mir zu hoch.« Und weiter: »Ich zahle zur Zeit für meine Zwei- oder Dreizimmerwohnung 1000 DM Miete. Bei einem Kauf müßte ich mindestens das Doppelte hinlegen.«

In der Tat ist es richtig, daß beim oberflächlichen Vergleich einer Monatsmiete und der Monatsrate beim Kauf zunächst die Miete günstiger ist. Wer jedoch nur aufgrund dieser Differenz seine Entscheidung zugunsten der Miete trifft, beweist wenig Weitblick. Da wir in einer Welt leben, in der nichts bleibt, wie es ist, sondern ständiger Veränderung unterliegt, muß man bei einer solchen Entscheidung den Blick auch in die Zukunft richten.

Wer heute mitten im Leben steht, kann sich doch nicht nur mit der Anfangszahlung zufriedengeben, sondern muß über den Tag hinaussehen. Nichts ist so sicher wie der ständige Anstieg der Preise oder, anders ausgedrückt, wie die Inflationsrate. Lassen Sie mich dies an einem simplen Beispiel darlegen. In den 70er Jahren, also vor rund zwei Jahrzehnten, machten sich zwei Freunde, nennen wir sie Anton und Bruno, in einer deutschen Großstadt auf die Suche nach Wohnraum. Sie standen vor folgender Alternative:

1. eine Dreizimmer-Mietwohnung, monatlich ca. 500 DM Belastung, oder

2. eine Dreizimmer-Eigentumswohnung, Kaufpreis damals ca. 180 000 DM, monatliche Belastung bei 20 000 DM Eigenkapital und Berücksichtigung der Steuervorteile: ca. 1000 DM.

Anton entschied sich für die Mietwohnung zu 500 DM und Bruno für den Kauf der Eigentumswohnung mit einer Monatsrate von 1000 DM.

10 Jahre später, in den 80er Jahren, hatte sich die Situation folgendermaßen geändert: Anton, der Mieter, mußte inzwischen aufgrund regelmäßiger Mieterhöhungen, statt 500 DM Miete 750 DM zahlen. Bruno, der Käufer, entrichtete dagegen weiterhin seine Monatsrate von 1000 DM. Die Wohnung war inzwischen zu einem Drittel abbezahlt.

Weitere 10 Jahre später, in den 90er Jahren, hat sich die Situation weiter verschoben. Der Wohnungskäufer Bruno überweist immer noch brav am Monatsersten seine Zins- und Tilgungsrate an die Bank, aber er zählt bereits die restlichen Monate, bis er schuldenfrei ist. Gerade hat ihm sein Freund, der Mieter Anton, mitgeteilt, daß jetzt erstmals nach 20 Jahren seine Miete die 1000-DM-Grenze überschritten hat und somit höher ist als die Abzahlungsrate des Käufers Anton.

In wenigen Jahren wird sich die Situation folgendermaßen verändert haben: Der Mieter Anton lebt damit, daß seine Miete auch bei 1000 DM nicht haltmacht, sondern bei einer jährlichen Inflationsrate von 2 bis 3 Prozent in den nächsten Jahren bei 1500 DM monatlich liegt und in 20 Jahren bei mindestens 2000 DM. Ganz dramatisch wird es, wenn der Mieter Anton in den Ruhestand tritt. Den größten Teil seiner Rente, Pension oder privaten Altersvorsorge wird er für die Mietzahlung aufwenden müssen. Beim Käufer Bruno tritt das Gegenteil ein. Bereits 10 bis 15 Jahre nach Kauf ist die monatliche Belastung geringer als eine vergleichbare Miete. Je nach Tilgungshöhe ist nach 20 bis 25 Jahren die Immobilie komplett bezahlt, und er wohnt somit für den Rest seines Lebens völlig kostenlos. Nicht zu vergessen: Auch nach dem Tode vom Käufer Bruno steht die bezahlte Immobilie seinen Kindern oder Erben weiterhin kostenlos zur Verfügung.

Es ist deshalb der folgenschwerste Irrtum,

wenn jemand die anfängliche Ratenzahlung für eine Wohnung mit der aktuellen Monatsmiete vergleicht. Bei einer derart langfristigen Entscheidung kann nicht nur die Anfangszahlung verglichen werden, sondern es ist unbedingt ein langfristiger Vergleich erforderlich. Je länger man den Vergleichszeitraum »hochrechnet«, um so günstiger wird die Rechnung für den Käufer.

Bieten Immobilien auch heute noch Wertsteigerungen?

»Das mit den Wertsteigerungen bei Immobilien mag ja für die Vergangenheit stimmen, aber wird es auch so weitergehen?« Diese Frage hört man als Berater in Sachen Immobilienkauf häufig.

Ich kann mich noch gut erinnern, als in den 60er Jahren Eigentumswohnungen erstmals richtig in Mode kamen. Damals kostete die Wohnfläche im Großraum Stuttgart rund 1000 DM pro Quadratmeter. Schon zu dieser Zeit hielten viele diesen Preis für nicht mehr steigerungsfähig. Als dann, keine 10 Jahre später, die Quadratmeterpreise erstmals über 2000 DM lagen, hörte ich dieselben Argumente. Dennoch dauerte es nur wenige Jahre, bis vor allem die Neue Heimat in den 70er Jahren im Großraum Stuttgart mit ihren Eigentumswohnungen die 3000-DM-Schwelle überschritt. Ein Sturm der Entrüstung brach los. Wenig später kam es zum Zusammenbruch des größten deutschen Wohnungsbaukonzerns.

Daran waren jedoch weniger die hohen Quadratmeterpreise als vielmehr die Hochzinsphase, die Ölkrise und vor allem das Mißmanagement des ehemaligen Gewerkschaftsunternehmens schuld.

Nachdem sich die Wellen geglättet hatten, die Ölkrise überwunden war und die Zinsen wieder auf »Normalniveau« standen, ging es mit den Quadratmeterpreisen für Wohneigentum weiter aufwärts. Im Großraum Stuttgart wurden in den 80er Jahren Quadratmeterpreise von 4000 DM für Neubauwohnungen bezahlt. Der aktuelle Preis liegt trotz der »Immobilienkrise« immer noch bei mindestens 5000 DM pro Quadratmeter. Wenn man davon ausgeht, daß auch in Zukunft die Preise für Autos, Zeitungen, Briefmarken, Handwerker, Strom, Wasser, Müllabfuhr bis hin zum Bierpreis auf dem Oktoberfest weiter steigen werden, dann kann sich auch die Immobilie von einer solchen Entwicklung nicht abkoppeln.

Wieviel muß man monatlich für die Finanzierung einer Eigentumswohnung ausgeben?

Wer heute eine moderne Zwei- oder Dreizimmerwohnung kaufen will, muß zwischen Flensburg und Konstanz mit einem durchschnittlichen Kaufpreis zwischen 3000 und 6000 DM pro Quadratmeter Wohnfläche rechnen. Im Großraum

Stuttgart, einer der teuersten Regionen in Deutschland, bedeutet das, daß man für eine moderne Dreizimmerwohnung einschließlich Nebenkosten durchschnittlich 380 000 DM investieren muß.

Wie sieht nun der Finanzierungsplan für eine solche Wohnung aus, wenn man von einem Eigenkapital von rund 10 Prozent, also 40 000 DM, ausgeht? Bei einem zu finanzierenden Restbetrag von ca. 340 000 DM, einem Zinssatz von 7 Prozent und 1 Prozent Tilgung (= 8 Prozent p. a.) errechnet sich eine jährliche Bruttosumme von ca. 27 200 DM. Bei Berücksichtigung der aktuellen Steuervorteile, dazu gehört die sogenannte Vorkostenpauschale, die Eigenheimzulage sowie ein eventuelles Baukindergeld, ergibt sich je nach Steuersatz, Kinderzahl usw. eine monatliche Gesamtbelastung von ca. 1600 DM.

Sie sehen: Kaufen ist zunächst tatsächlich teurer als mieten. Aufgrund der steuerlichen Vergünstigungen und des derzeit niedrigen Zinsniveaus gilt als Faustformel, daß die monatliche Abzahlungsrate bei einem Eigenkapital von 10 bis 20 Prozent um rund die Hälfte höher liegt als eine vergleichbare Miete.

Um Ihnen zu zeigen, welche gewaltigen Auswirkungen die Inflationsrate auf die Miethöhe hat, habe ich in der folgenden Mietpreistabelle die künftige Miethöhe bei einer Inflationsrate von 3 Prozent hochgerechnet. Wenn Sie mir entgegenhalten, daß eine Inflation von 3 Prozent etwas hoch gegriffen ist, dann muß ich Sie an die künftige Währung, den Euro, erinnern. Wir müssen leider davon ausgehen, daß sich bei einer gemeinsamen Währung die Inflationsrate zwischen den Teilnehmerländern »einpendelt«. Aus diesem Grunde ist zu befürchten, daß die künftige Inflationsrate unter dem Euro eher höher als niedriger ausfällt.

Entwicklung einer Monatsmiete bei 3 Prozent Preissteigerung p. a.:

Jahr	Monatsmiete	Jahresmiete	Gesamt
1. Jahr:	1200 DM	14400	14400
2. Jahr:	1236 DM	14832	29232
3. Jahr:	1273 DM	15276	44508
4. Jahr:	1311 DM	15732	60240
5. Jahr:	1350 DM	16200	76440
10. Jahr:	1565 DM	18792	165270
12. Jahr:	1660 DM	19932	204360

Bereits nach 5 Jahren hat der Mieter rund 76400 DM, nach 10 Jahren sogar rund 165000 DM und nach 12 Jahren über 200000 DM allein für die Miete ausgegeben!

Natürlich dürfen wir den Kaufpreis einer Wohnung nicht einfach gegen diese gewaltige Mietsumme aufrechnen. Schließlich wird eine Eigentumswohnung in der Regel nicht bar bezahlt, sondern finanziert. Zum Kaufpreis der Immobilie müssen deshalb die erheblichen Zinszahlungen addiert werden. Erst diese Summe kann mit der Miete verglichen werden. Auf jeden Fall wird bereits nach etwa 10 Jahren der anfängliche deutliche Vorteil für die Entscheidung mieten statt kaufen immer kleiner. Selbst wenn man das eingesetzte Eigenkapital beim Kauf herausrechnet und die Inflationsrate kleiner als 3 Prozent ansetzt, hat der Mieter dennoch keine Chance. Im günstigen Fall kann er seinen Geldvorteil 15, maximal 20 Jahre durchhalten. Spätestens nach 20 Jahren jedoch ist der Vorteil des Käufers auch für den größten Skeptiker offensichtlich. Schließlich ist die Immobilie nach dieser Zeit nahezu schuldenfrei.

In meinem Rechenbeispiel habe ich einen Zinssatz von 7 Prozent p. a. zugrunde gelegt. Beim Abfassen des Manuskripts lag der aktuelle Zins für die Immobilienfinanzierung sogar darunter. Bis Sie diesen Ratgeber in Händen halten, kann der Zinssatz wieder gestiegen (oder noch weiter gesunken) sein. In meinem Beispiel habe ich darüber hinaus einige Nebenkosten vernachlässigt. Wenn Sie sich beispielsweise sehr früh für den Kauf einer Neubauimmobilie entscheiden, können während der Bauphase noch Zinsen anfallen. Auch die Nebenkosten für Notar, Grunderwerbssteuer, für eine Garage oder für Einbauten und Sonderwünsche schlagen oft kräftig zu Buche. Andererseits ist auch die Anmietung einer Wohnung mit zusätzlichen Kosten verbunden, z. B. Kautionszahlungen oder die Übernahme von Einbauten.

Zu guter Letzt kann der von mir angesetzte Kaufpreis von 380 000 DM je nach Standort oder Wohnlage deutlich höher oder niedriger ausfallen. Auch die Entwicklung der Mieten habe ich natürlich nur geschätzt. Eine Mieterhöhung erfolgt zumindest bei privaten Vermietern in der Regel nicht automatisch Jahr für Jahr. Je nachdem, ob man es mit einem privaten oder gewerblichen Vermieter zu tun hat, fallen Mieterhöhungen unterschiedlich aus. Wichtig ist jedenfalls, daß Sie bei einer persönlichen Vergleichsrechnung nicht nur Ihre derzeitige Miete zugrunde legen und die Mietsteigerungen ignorieren.

Wie auch immer: Im Laufe der Jahre schließt sich die anfängliche Schere zwischen Miete und Kaufpreisrate unweigerlich und verbessert früher oder später immer die Bilanz zugunsten des Kaufs. Je länger man einen solchen Vergleich hochrechnet, desto erheblicher wird der Unterschied.

Wieviel Eigenkapital ist beim Immobilienkauf erforderlich?

Was kostet eine selbstgenutzte Eigentumswohnung unter dem Strich, das heißt, wenn man zur Tilgung auch die Zinszahlungen und eventuell vorhandenes Eigenkapital hinzuzählt?

Für die Vergleichsrechnung lege ich zunächst eine Vollfinanzierung zugrunde, gehe also von einem Kauf ohne Eigenkapital aus, um die vollen Aufwendungen darzustellen. Selbstverständlich wird in der Praxis meist etwas Eigenkapital eingesetzt; dann reduzieren sich die einzelnen Beträge. Beispiel: Dreizimmer-Neubauwohnung: 380000 DM. Daß bei einem Eigenkapital von 40000 DM die Monatsbelastung rund 1600 DM beträgt, habe ich Ihnen bereits vorgerechnet. Bei einer Finanzierung ohne Eigenkapital erhöht sich die Monatsbelastung von 1600 auf ca. 2000 DM. Wie lange muß diese Monatsrate gezahlt werden, bis die Immobilie vollständig bezahlt, das heißt schuldenfrei ist? Dies hängt davon ab, welchen Betrag Sie zusätzlich zu den Zinsen für die Tilgung, also die Darlehensrückzahlung, einsetzen.

Die Bank überläßt uns hier die Entscheidung. Im Gegensatz zu einer Bausparkassenfinanzierung, bei der die Tilgungsrate normalerweise recht hoch ist, kann bei einer Bankfinanzierung auch nur sehr wenig getilgt werden. Die Mindesttilgungsrate beträgt 1 Prozent pro Jahr.

Bitte erschrecken Sie nicht. Eine Tilgung von 1 Prozent pro Jahr bedeutet nicht, daß es 100 Jahre dauert, bis Sie schuldenfrei sind. Das Darlehen reduziert sich durch die Tilgung jedes Jahr, und dadurch sinken auch die Zinszahlungen. Die eingesparten Zinsen werden zur zusätzlichen Tilgung verwendet, und dies führt zu einer Verkürzung des Tilgungszeitraumes. Um die Angelegenheit nicht zu kompliziert zu machen, sollten Sie sich als Faustregel merken: Bei einer anfänglichen jährlichen Tilgungsrate von 1 Prozent dauert es ca. 28 Jahre, bis die Schuld restlos zurückbezahlt ist. In dieser Zeit beläuft sich der Gesamtbetrag der Rückzahlung in unserem Beispiel somit auf 28 Jahre mal 12 Monate mal 2000 DM, das sind insgesamt rund 670 000 DM. Kann beim Wohnungskauf jedoch auf Eigenkapital zurückgegriffen werden, dann reduzieren sich die Gesamtaufwendungen für Zins und Tilgung erheblich. Bei 40 000 DM Eigenkapital errechnet sich eine durchschnittliche Monatsbelastung von rund 1600 DM. Dies entspricht bei einer Laufzeit von 28 Jahren einem Gesamtaufwand von nur noch ca. 570 000 DM. Steht gar ein Eigenkapital von 80 000 DM (= 20 Prozent) zur Verfügung, dann beträgt die monatliche Zins- und Tilgungsrate nur noch rund 1400 DM. In diesem Fall summieren sich die Zins- und Tilgungsraten während der Laufzeit auf lediglich 470 000 DM.

Bitte denken Sie daran, daß solche Hochrechnungen immer nur einen Anhaltspunkt darstellen können. Aufgrund der unterschiedlichen Preissituation, der unterschiedlichen Steuersätze und der ständig wechselnden Rechtslage ist es unmöglich, exakte Beträge anzugeben. Dies gilt jedoch nicht nur für den Immobilienkauf, sondern auch für die Miete. Da die künftige Inflationsrate nur geschätzt werden kann, ist es unmöglich, präzise vorherzusagen, wie hoch die ortsübliche Miete in 5 oder gar 10 Jahren sein wird.

Dennoch bleibt es dabei: Einem Immobilienkäufer kann es allenfalls passieren, daß er nicht schon nach 10, sondern eben erst nach 15 oder 20 Jahren einen deutlichen finanziellen Vorteil gegenüber dem Mieter hat. Von da an verändert sich die Situation immer mehr zum Vorteil des

Käufers. Wie die Rahmenbedingungen auch wechseln mögen, auf Dauer ist der Kauf der Anmietung stets überlegen. Viel wichtiger als die Suche nach einer Immobilie zu einem besonders günstigen Preis oder das Aushandeln des Zinssatzes mit der Bank ist daher die möglichst frühe Entscheidung für eine Immobilie. Nur wer sich in jungen Jahren für den Immobilienkauf entscheidet, kann die Zeit richtig für sich arbeiten lassen.

Was tun, wenn die Monatsbelastung zu hoch wird?

Viele Leute sagen mir immer wieder: »Das mit dem Immobilienkauf ist ja alles schön und gut, aber dazu braucht man ja wohl erst einmal ein entsprechendens Kapital. Ich kann mit meinem Einkommen jedoch gerade meine Miete und meinen laufenden Lebensunterhalt finanzieren. Zum Immobilienkauf fehlt mir das Geld.« Wenn es um das Thema Immobilie geht, denken die meisten Menschen sofort an eine schöne Neubauwohnung oder gar an einen noch schöneren Bungalow, möglichst mit großem Garten in bester Lage am Stadtrand. Zum Kauf einer solchen Immobilie sind in der Tat einige Voraussetzungen notwendig, die mit gutem Willen allein nicht zu schaffen sind, z. B. ein entsprechendes Eigenkapital. Wer über keinen Immobilienbesitz verfügt und keine Erbschaft gemacht hat, braucht deshalb für seinen Einstieg ins Immobiliengeschäft eine andere Strategie.

Welche Möglichkeiten hat der Neuling im Immobiliengeschäft, der im Augenblick noch zur Miete wohnt, wenig oder gar kein Eigenkapital hat und dennoch einen Anfang machen will?

Wenn Sie zu dieser Gruppe gehören, dann sollten Sie jetzt ganz genau aufpassen. Getreu dem Motto »Viele Wege führen nach Rom« haben Sie auch in dieser Situation mehrere Möglichkeiten. Die erste davon ist, daß Sie statt einer Neubauwohnung eine gebrauchte Eigentumswohnung kaufen. Solche Wohnungen sind nicht so komfortabel wie Neubauten, sie erfordern oft auch noch erhebliche Renovierungsarbeiten. Dafür ist der Kaufpreis geringer und damit die Finanzierung doch noch zu schaffen. Aber auf was Sie beim Kauf einer gebrauchte Immobilie achten müssen, erfahren Sie noch an anderer Stelle dieses Ratgebers.

Jetzt möchte ich Ihnen eine Möglichkeit zeigen, wie Sie auch ohne Eigenkapital über einen Umweg letztlich doch noch zu Ihrer Neubauwohnung kommen können. Voraussetzung hierfür ist jedoch, daß Sie noch jünger sind und die Zeit für sich arbeiten lassen können.

Die Einzimmerwohnung zum Vermieten

Als ideales Einsteigermodell zur Vermögensbildung mit Immobilien eignet sich nach wie vor am besten eine gebrauchte Einzimmerwohnung oder ein Apartment in zentraler Lage einer mittleren oder größeren Stadt in Deutschland.

Warum eine Einzimmerwohnung? Kleine Einzimmerwohnungen oder Apartments erhalten Sie in den meisten deutschen mittelgroßen und Großstädten in der Preisklasse zwischen 80 000 und 120 000 DM. Hierbei handelt es sich um Häuser aus den 60er, 70er und 80er Jahren in solider Bauweise mit Zentralheizung, Küche, Bad und meist Balkon. Die Mieten für solche Wohnungen liegen, je nach Standort, zwischen 300 und 600 DM.

Und warum keine Neubauwohnung? Die erzielbare Miete einer Neubauwohnung und die einer gepflegten Gebrauchtwohnung aus den 70er und 80er Jahren unterscheiden sich kaum. Die Mieter von Einzimmerwohnungen sind überwiegend junge Leute, denen es nicht so wichtig ist, ob die Wohnung nagelneu oder schon 10 bis 20 Jahre alt ist. Für den Mieter einer klassischen Einzimmerwohnung ist eine zentrale Lage beispielsweise viel wichtiger als das Baujahr.

Obwohl die erzielbaren Mieten zwischen Neubau- und Gebrauchtwohnungen nur wenig voneinander abweichen, ist der Unterschied beim Kaufpreis gewaltig. Für eine moderne Einzimmer-Neubauwohnung mit 35 Quadratmeter

Wohnfläche zahlen Sie in größeren Städten locker 150 000 bis 200 000 DM. Dagegen werden die von mir als »Einsteigermodell« bezeichneten Wohnungen aus den 70er Jahren bereits für rund 100 000 DM angeboten. Ein solches »Einsteigermodell« können Sie auch ohne Eigenkapital erwerben und haben damit bereits einen Fuß in der Tür auf dem Weg zum Immobilienvermögen.

Hier eine Modellrechnung bei Vollfinanzierung:
Kaufpreis für eine Einzimmerwohnung:
100 000 DM
Zins und Tilgung ca. 8 Prozent p. a.
(8000 DM) = mtl. ca. 700 DM
Abzüglich kleinem Steuervorteil: mtl. ca. 100 DM
Abzüglich Mieteinnahme
(Netto-Kaltmiete): mtl. ca. 400 DM
Zuzahlung bei Vollfinanzierung: mtl. ca. 200 DM

Mit dieser relativ simplen Strategie und risikoarmen Finanzierung ist jeder in der Lage, im Immobiliengeschäft Fuß zu fassen. Wie weit Sie es von diesem ersten Schritt aus schaffen, das liegt letztlich ganz allein bei Ihnen.

Da ich weiß, daß jetzt bereits die ersten Bedenken angemeldet werden, will ich vorsorglich gleich auf die häufigsten Zweifel eingehen: »Ich habe gelesen, daß Einzimmerwohnungen keine Zukunft haben.« Diesen Satz höre ich schon, solange ich Immobilien verkaufe. Natürlich ist eine Einzimmerwohnung in der Regel keine Wohnung »fürs Leben« und nicht jedermanns Sache.

Der Mieter oder die Mieterin Ihres Apartments wird in der Regel früher oder später ausziehen. Dies ist jedoch kein Grund zur Sorge. Laufend wachsen junge Menschen nach, die gerade mit einer kleinen Einzimmerwohnung den Sprung aus dem Elternhaus wagen. Es wird immer junge Leute geben, denen eine »richtige« Wohnung zu teuer ist und die deshalb mit einer kleinen Einzimmerwohnung zunächst einmal zufrieden sind. Vergessen Sie nicht die zahlreichen allein lebenden Menschen, die als alleinerziehende Mutter, als geschiedener Ehepartner, als Pendler usw. eine preiswerte Kleinwohnung suchen. Eine solche Einzimmerwohnung stellt ein gutes Sprungbrett für den späteren Kauf einer selbstgenutzten größere Wohnung dar. Entweder Sie verkaufen diese Wohnung, um sich das Eigenkapital für den Neukauf zu verschaffen, oder Sie können die Miete zur Tilgung verwenden bzw. die Wohnung als zusätzliche Sicherheit für die Finanzierung mit einsetzen.

Wie hoch ist das Risiko beim Immobilienkauf?

Viele Bürger betrachten den Kauf einer Immobilie als erhebliches Risiko, weil sie immer das Kaufpreisdarlehen vor Augen haben. Wie wir zuvor jedoch schon gesehen haben, stellt auch ein Mietvertrag kein geringeres Risiko dar. Schließlich handelt es sich hierbei ebenfalls um eine

Zahlungsverpflichtung. Wo liegt denn nun wirklich das Risiko bei einem Immobilienkauf?

Zunächst einmal haben viele Menschen Angst, daß Sie aus irgendwelchen Gründen die monatliche Abzahlung nicht mehr aufbringen können. Bei einer Wohnung, die zur Vermögensbildung gekauft worden ist und eine monatliche Miete abwirft, ist dieses Problem gering zu veranschlagen. Wer sich hierbei an meinen Rat hält und auf kleine Einheiten setzt, kann dieses Problem vernachlässigen, da sich die persönliche Zuzahlung in Grenzen hält. Bei einer selbstgenutzten Wohnung passiert dem Eigentümer dasselbe wie einem Mieter, wenn er nicht mehr zahlen kann: Er muß ausziehen. So dramatisch sich das anhört, in der Praxis ist es so, daß eine Eigentumswohnung in mittlerer Preisklasse und ordentlicher Wohnlage bisher noch zu allen Zeiten wieder einen Käufer gefunden hat.

Es hat schon seinen Grund, wenn ich in diesem Ratgeber weder den Kauf von Superluxuswohnungen noch von besonders preiswerten Wohnungen irgendwo auf dem Lande empfehle. Das Schlimmste, was bei einem Immobilienkauf passieren kann, ist, daß der Verkauf nur zu einem niedrigeren Preis möglich ist. Auch wenn sich nicht ausschließen läßt, daß bei einem kurzfristigen Eilverkauf eine Immobilie mit Verlust veräußert werden muß, so ist dies selten der Fall. Wenn es sich um eine vernünftige Immobilie in mittlerer bis guter Wohnlage handelt, dann war der Verkauf bisher nie ein besonderes Problem.

Preiswerte kleine Wohnungen in stadtnahen Lagen werden sowohl von Selbstbeziehern als auch von Anlegern laufend gesucht und verzeichnen eine kontinuierliche Wertentwicklung. Auch in Zukunft wird es in den Stadtzentren Geschäfte, Büros, Verwaltungen, Dienstleistungsunternehmen usw. geben. Die Menschen, die dort arbeiten, müssen irgendwo wohnen.

Was tun, wenn der Mieter nicht zahlt?

Gerade die Neulinge im Immobiliengeschäft brechen oft gleich in Panik aus, wenn mit der gekauften Immobilie etwas nicht richtig klappt. Ob das eine überraschende Sonderzahlung ist oder ein nicht zahlender Mieter, stets ist die Aufregung groß.

Ein Mieter, der seine Miete schuldig bleibt, ist selbstverständlich ein Ärgernis, aber kein allzu schwerwiegendes. Man muß in einem solchen Fall systematisch vorgehen. Zunächst einmal besitzen wir als Vermieter in der Regel eine Mietkaution von 2 bis 3 Monatsmieten. Diese Sicherheitsleistung, die der Mieter mit der ersten Miete zahlt, kann zur Überbrückung herangezogen werden. Darüber hinaus erhöhen fehlende Mieten den »steuerlichen Verlust« der Immobilie. Ein Mietausfall beschert uns eine höhere Abschreibung und damit einen größeren Steuervorteil. Da es sich bei Mietern von Einzimmerwohnungen in der Regel entweder um Einzelpersonen oder jüngere Pärchen handelt, kann ein solches Mietverhältnis relativ leicht beendet werden.

Rückständige Mieten sind grundsätzlich ein Grund zur fristlosen Kündigung. Sollte tatsächlich einmal ein sozialer Härtefall vorliegen, dann springt automatisch das Sozialamt ein und übernimmt die Miete. Viele Vermieter schätzen sogar die Mietzahlung durch das Sozialamt, weil es als pünktlicher Zahler gilt.

Jedes Jahr eine Wohnung?

Wenn Sie den Kauf Ihrer ersten Wohnung abgewickelt haben, die Finanzierung ist unter Dach und Fach und die Mieter zahlen pünktlich, dann haben Sie den wichtigsten Schritt in Ihrer Immobilienkarriere schon einmal getan. Das heißt jedoch nicht, daß Sie jetzt die Hände in den Schoß legen können in der Annahme, damit wäre der Aufbau Ihres Immobilienvermögens gesichert. Mit einer Monatsbelastung von rund 200 DM zum Kauf einer kleinen Eigentumswohnung ist es leider noch nicht getan. Eine solche Kleinimmobilie kann nur der Anfang Ihrer Aktivitäten sein.

Ihre Aufgabe besteht nun darin, regelmäßig auf dem Immobilienmarkt nach dem nächsten »Schnäppchen« Ausschau zu halten. Denn eines ist klar: Eine kleine Einsteigerwohnung ist nicht mehr als das, was der Name sagt: Ihr Einstieg ins Immobiliengeschäft. Genausowenig wie man mit dem Abschluß einer 100 000-Mark-Lebensversicherung von einer gesicherte Altersversorgung sprechen kann, sondern höchstens von einem Baustein, so reicht der Kauf einer Einzimmerwohnung natürlich nicht für die Altersvorsorge aus. Wer sich mit Immobilien ein Vermögen aufbauen will, für den fängt nach dem Kauf der ersten Wohnung die Arbeit erst richtig an. In den meisten Fällen beläuft sich Ihre persönliche Zuzahlung, also das Geld, das Sie effektiv investieren, bei derartigen Wohnungen auf 100 bis maximal 300 DM pro Monat.

Auch wenn es Ihnen aufgrund Ihres Einkommens möglich ist, mehrere Wohnungen auf einen Schlag zu kaufen, so sollten Sie dennoch behutsam vorgehen. Da es sich schließlich um Vollfinanzierungen oder zumindest um Finanzierungen mit wenig Eigenkapital handelt, brauchen Sie die Rückendeckung Ihrer Hausbank. Ohne eine gute Verbindung zur Hausbank geht im Immobiliengeschäft fast gar nichts. Sorgen Sie deshalb bereits vor dem Kauf der ersten Wohnung dafür, daß Ihre finanziellen Verhältnisse geordnet sind. Das heißt nicht, daß Sie keine Schulden oder Kredite haben dürfen. Wichtig ist nur, daß Sie Ihren Zahlungsverpflichtungen vereinbarungsgemäß nachkommen, keine negativen Einträge in der Schufa bestehen und ein regelmäßiges Einkommen vorhanden ist.

Die Vollfinanzierung einer 100 000-Mark-Wohnung akzeptieren die meisten Banken problemlos, wenn die persönlichen Umstände geregelt sind. Eine möglichst langjährige Verbindung zur Hausbank ist dabei stets von Vorteil. Wenn Sie sich für Ihren Einstieg ins Immobiliengeschäft gleich zum Kauf einer selbstgenutzten Wohnung entschließen, ist in der Regel jedoch Eigenkapital von wenigstens 10 oder 20 Prozent erforderlich. Schließlich muß die gesamte Zins- und Tilgungsrate aus dem eigenen Einkommen bestritten werden, während im anderen Fall der größte Teil der Zins- und Tilgungsraten aus der Miete und der Steuerersparnis erfolgt. Dies ist selbstverständlich auch den Banken klar, und darum gibt es meist keine Probleme mit der Vollfinanzierung einer oder mehrerer kleiner Eigentumswohnungen zum Vermieten. Deshalb sollten Sie nicht gleich Ihren Bankberater erschrecken, indem Sie ihm erklären, daß Sie Ihren Einstieg ins Immobiliengeschäft mit mehreren Wohnungen starten wollen und hierfür selbstverständlich eine Vollfinanzierung erwarten. Sie müssen die Käufe mit entsprechenden Abständen durchführen. Auch die Bank muß Zeit haben, festzustellen, daß jeder Kauf den Erwartungen gemäß abgewickelt wird, das heißt pünktlicher Eingang der jeweiligen Miete, pünktlicher Eingang Ihrer persönlichen Zuzahlung, vertretbare Mieterhöhungen usw. Je solider die Abwicklung erfolgt, desto größere Chancen haben Sie, daß die Bank Ihnen weitere Wohnungen finanziert. Der gesamte Finanzierungsrahmen hängt natürlich von Ihren finanziellen Verhältnissen ab. Ich kenne jedoch zahlreiche Fälle, in denen die Banken im Laufe der Jahre Privatleuten mit einem ganz normalen Durchschnittseinkommen problemlos mehrere Wohnungen voll finanziert haben.

Warum ist eine Einzimmerwohnung das ideale Einsteigerobjekt?

Ich rate dem Einsteiger ins Immobiliengeschäft ganz bewußt zunächst zum Kauf einer Einzimmerwohnung. Wenn ich Ihnen zu Beginn von einer Zwei- oder gar Dreizimmerwohnung abrate, dann hat dies ganz bestimmte Gründe.

Zunächst einmal sollten Sie Ihrer Hausbank bei einer Vollfinanzierung nicht zuviel zumuten. Eine 100 000-Mark-Finanzierung ist eine Größenordnung, die im Normalfall jede Hausbank mitmacht. Größere Wohnungen liegen dagegen nicht nur im Kaufpreis, sondern auch bei den Nebenkosten gleich deutlich darüber. Auch die Mieteinnahme einer Zweizimmerwohnung ist prozentual meist geringer als bei einer Einzimmerwohnung. Dadurch steigt die monatliche Zuzahlung, die Kreditlinie wird erheblich stärker belastet, kurzum, die ganze Sache wird gleich viel enger.

Mancher Anleger befürchtet, daß eine Einzimmerwohnung nur sehr schwer vermietbar ist oder daß ein häufigerer Mieterwechsel stattfindet als bei einer größeren Wohnung. Die Praxis zeigt, daß diese Vorurteile nicht zutreffen. Richtig ist, daß Einzimmerwohnungen in der Regel von jüngeren, allein lebenden Leuten angemietet werden. Oft sind dies Söhne oder Töchter, die aus der elterlichen Wohnung ausziehen und sich ihr eigenes Zuhause einrichten. Aber auch die steigende Zahl von Scheidungen oder Trennungen führt zu stärkerer Nachfrage nach kleinen Wohnungen. Es gibt außerdem immer noch sehr viele Mieter, die wohl eine größere Wohnung bevorzugen würden, sich diese aber nicht leisten können oder wollen. Schließlich bringt eine größere Wohnung nicht nur eine höhere Miete, sondern auch höhere Nebenkosten mit sich. Niedrigverdiener oder Leute mit unregelmäßigem Einkommen haben gar keine andere Alternative, als sich mit dem Kauf einer Einzimmerwohnung bzw. eines Apartments zufriedenzugeben.

Ich habe nicht den geringsten Zweifel, daß es auch in Zukunft genügend Mieter geben wird, die eine Einzimmerwohnung bevorzugen. Wenn der Mietpreis und die Lage vernünftig sind, wird die Vermietung einer solchen Immobilie kein Problem sein. Selbstverständlich können Sie sich bei der zweiten oder dritten Immobilie ohne weiteres auch für eine größere Wohnung entscheiden. Am interessantesten ist jedoch die von mir beschriebene Strategie des Kaufs kleiner Einzimmerwohnungen.

In 10 Jahren 10 Wohnungen: Eine Utopie?

Nur die Immobilie bietet die Möglichkeit, sich mit wenig oder ganz ohne Eigenkapital ein Vermögen aufzubauen. Ich rate Ihnen, nach Möglichkeit mit einer regionalen Bank zusammenzuarbeiten, am besten mit einer örtlichen Volksbank, Raffeisenbank oder auch Sparkasse. Die Berater kennen den örtlichen Immobilienmarkt und können in der Regel – im Gegensatz zu Großbanken oder Hypothekenbanken – über Darlehen direkt entscheiden.

Wenn Sie über ein regelmäßiges gutes Einkommen verfügen, alle Steuervorteile ausnutzen können und ordentliche Mieten bekommen, dann können Sie in einem Zeitraum von 10 Jahren ohne weiteres nach und nach bis zu 10 solcher kleinen Immobilien erwerben.

Dies gilt erst recht, wenn es Ihnen gelingt, zwischendurch die eine oder andere Immobilie zum Beispiel an einen Mieter mit Gewinn zu verkaufen. Der Verkaufserlös abzüglich Restschuld wird sofort als Sondertilgung eingesetzt. Nach 10 bis 20 Jahren ist der größte Teil der Immobilien, auch aufgrund der Inflationsrate, weitgehend entschuldet. Sobald die Darlehen abbezahlt sind, brauchen Sie die Mieteinnahmen nicht mehr zur Darlehenstilgung zu verwenden, sondern haben sie als zusätzliches Einkommen jeden Monat zur Verfügung. Ich habe auf diese Weise selbst den Grundstock für meinen heutigen Immobilienbesitz gelegt. Zahlreiche meiner Mitarbeiter praktizieren diese Strategie ebenfalls. Wichtig ist, wie bereits gesagt, möglichst früh damit zu beginnen.

Wie findet man ein Schnäppchen?

Wer mit Immobilien ein Vermögen aufbauen will, der muß zunächst einmal preiswert einkaufen. Dies ist gar nicht so schwierig, wie es sich anhört. Da Sie die gesuchte Immobilie nicht selbst beziehen wollen, haben Sie dem Selbstbezieher gegenüber zwei entscheidende Vorteile. Erstens: Sie sind nicht auf einen bestimmten Standort angewiesen, schließlich ziehen Sie ja nicht ein. Zweitens: Im Gegensatz zum Selbstnutzer können Sie auch eine vermietete Wohnung erwerben.

Die wichtigste Voraussetzung für ein Schnäppchen beim Immobilienkauf ist Geduld. In der Praxis heißt dies: Sie müssen besichtigen, besichtigen und nochmals besichtigen. Als Faustregel gilt, daß von 10 angebotenen Wohnungen höchstens eine in die engere Wahl kommt. Da »engere Wahl« noch lange nicht heißt, daß diese Wohnung auch gekauft wird, müssen Sie unter Umständen 20 oder 30 Besichtigungen durchführen. Dies kann durchaus 3 bis 6 Monate in Anspruch nehmen. In dieser Zeit sind Sie fast jedes Wochenende damit beschäftigt, Zeitungsanzeigen zu studieren, Maklerangebote zu prüfen und die Objekte zumindest von außen zu begutachten. Erwarten Sie nicht, daß Sie Ihr Schnäppchen vom

Makler oder via Zeitungsanzeige auf dem Präsentierteller überreicht bekommen. Die Samstagsausgabe Ihrer Tageszeitung ist trotz aller neuen Medien das wichtigste Hilfsmittel für die Immobiliensuche.

Tips für den Umgang mit Verkäufern

Klären Sie als erstes, warum der jeweilige Verkäufer seine Wohnung abstoßen will und wie lange er sie schon anbietet. Das Verhandeln lohnt sich nur bei Verkäufern, die sich schon einige Zeit um die Veräußerung ihrer Immobilie bemühen und langsam die Geduld verlieren. Interessant sind auch solche Verkäufer, die den Erlös der Wohnung beispielsweise für eine bereits gekaufte anderweitige Immobilie dringend benötigen. In all diesen Fällen haben Sie gute Chancen, mit dem nötigen Fingerspitzengefühl günstig zum Zuge zu kommen. Mit Verkäufern, die nicht unter Druck stehen, brauchen Sie gar nicht erst zu verhandeln.

Vermeiden Sie es unbedingt, bei der Wohnungsbesichtigung oder bei anschließenden Preisverhandlungen die Immobilie »schlechtzumachen«. Loben Sie die Immobilie und versuchen Sie, eine freundliche Gesprächsatmosphäre herzustellen. Halten Sie sich mit negativen Äußerungen zurück, und überlassen Sie diese anderen Interessenten. Sagen Sie ruhig, daß Ihnen diese Wohnung im Vergleich mit anderen Angeboten besonders gefallen würde. Kurzum, versuchen Sie, einen angenehmen Eindruck auf den Verkäufer zu machen. Es hat sich gezeigt, daß viele private Immobilienverkäufer im Zweifelsfall einem sympathischen Kaufinteressenten größere Zugeständnisse machen als einem, der die Immobilie nur kritisiert hat.

Wenn das Gespräch auf den Kaufpreis kommt, dann machen Sie dem Verkäufer ein Angebot, das unter dem Preis liegt, den Sie eigentlich zu zahlen bereit wären. Halten Sie sich einen Verhandlungsspielraum offen. Argumentieren Sie dahingehend, daß Ihre Finanzierung leider keinen hohen Preis zuläßt. Denken Sie stets daran: Wenn Sie sich mit Immobilien ein Vermögen aufbauen wollen, dann ist der preiswerte Einkauf eine der wichtigsten Voraussetzungen. Wenn der Verkäufer auf Ihr Angebot nicht eingeht, dann haken Sie die Angelegenheit ab. Am nächsten Samstag finden Sie in der Zeitung zahlreiche neue Chancen.

Machen Sie Ihr Kaufangebot auch davon abhängig, daß der Verkäufer möglichst in den nächsten 1 bis 2 Tagen mit Ihnen zum Notar geht und den Kaufvertrag abschließt. Weisen Sie darauf hin, daß die Finanzierung bei dem von Ihnen gebotenen Preis sicher ist und daß Sie leider nicht länger warten können, weil Ihnen sonst eine andere, ähnlich schöne Wohnung vielleicht entgeht. Sie vermeiden so, daß der Verkäufer mit Ihrem Angebot hausieren geht, das heißt alle anderen Unschlüssigen nochmals anruft, um ein besseres Angebot zu erhalten. Sie werden es bald selbst erleben: Die Verhandlung für einen Immobilienkauf zur Vermögensbildung ist fast ein Kinderspiel. Schließlich sind Sie auf die Wohnung nicht angewiesen. Wenn der Abschluß nicht klappt, haben Sie nichts verloren.

Die Immobilie als Vermögensanlage

Bisher habe ich Ihnen einen Weg aufgezeigt, wie man mit Immobilien ein Vermögen aufbauen kann, wenn man kein oder nur wenig Eigenkapital besitzt. Dieses Kapitel ist für solche Leser interessant, die bereits über ein mehr oder weniger großes Kapital verfügen und dieses komplett oder zumindest teilweise in Immobilien investieren möchten.

Vor allem dann, wenn Sie zu der rund 1 Million Bundesbürgern gehören, die nach der neuesten Statistik in den nächsten 10 Jahren eine größere Erbschaft antreten werden, sollten Sie jetzt besonders aufmerksam weiterlesen. Immer dann, wenn eigenes Geld in sechsstelliger Größenordnung vorhanden ist, brauchen Sie eine andere Anlagestrategie als ein Neuling, der ohne oder mit wenig Eigenkapital erstmals eine Immobilie zur Vermögensbildung erwirbt. So interessant der Kauf von kleinen Eigentumswohnungen für den Einstieg ins Immobiliengeschäft ist, so ungeeignet ist eine solche Anlage, wenn größere Beträge vorhanden sind. Natürlich könnten Sie sich mit einem Eigenkapital von beispielsweise 100 000 oder 200 000 DM ohne weiteres auf einen Schlag 5 oder 10 gebrauchte Kleinwohnungen kaufen und diese so finanzieren, daß die Mieteinnahmen einschließlich Steuervorteilen die monatliche Belastung für Zins und Tilgung des Restdarlehens ungefähr ausgleichen.

Da Sie die Wohnungen jedoch normalerweise nicht im gleichen Mehrfamilienhaus finden werden, müßten Sie diese aus allen Himmelsrichtungen zusammenkaufen. Dies hätte zunächst einmal zur Folge, daß die Verwaltung dieser Einheiten eine aufwendige Angelegenheit würde. Denken Sie nur an den Besuch der verschiedenen jährlichen Eigentümerversammlungen. Mit einem sechsstelligen Eigenkapital im Rücken sollten Sie Nägel mit Köpfen machen und sich für eine »richtige« Immobilie entscheiden.

Widmen Sie sich in diesem Fall im Immobilienteil Ihrer Tageszeitung nur noch der Rubrik »Mehrfamilienhäuser« oder »Geschäftshäuser«. Um es gleich vorwegzunehmen: Das ideale Anlageobjekt ist in diesem Fall ein gemischt genutztes Wohn- und Geschäftshaus in stadtnaher Lage einer mittelgroßen oder Großstadt. Dazu gehören sämtliche Objekte, die im weitesten Sinne im Zentrum liegen. Ideal ist ein Ladengeschäft im Erdgeschoß, Büro- oder Praxisräume im Obergeschoß und darüber noch die eine oder andere Wohnung. Mit einem solchen Objekt besitzen Sie eine kerngesunde Mischung zwischen Gewerbe und Wohnen. Sie können einen eventuellen vorübergehenden Mietausfall bei einem einzelnen Mieter ohne Aufregung verkraften und finden bei einem Mieterwechsel in der Regel ohne Probleme einen Nachmieter.

Aber auch Mehrfamilienhäuser, in denen sich eine kleine Gaststätte oder ein Handwerksbetrieb befindet, kommen in Betracht. Viel wichtiger als die Zusammensetzung der einzelnen Etagen ist die Lage des Objektes. Am sichersten zu vermieten sind immer Immobilien in zentraler oder stadtnaher Lage. Dies muß nicht unbedingt der Marktplatz oder die Fußgängerzone sein. Auch gute Vorortlagen von Großstädten sind problemlos zu vermieten. Dagegen steigt das Vermietungsrisiko bei Objekten, die in reinen Industriegebieten oder in kleineren Gemeinden liegen. Wenn Sie nicht gerade ein Profi im Immobiliengeschäft sind, dann sollten Sie die Finger lassen von Objekten wie Supermärkten, Hotels oder allen Immobilien, bei denen Sie von einem einzigen Mieter abhängig sind.

Warum sind gute Renditeobjekte rar?

Ein gutes Renditeobjekt, bei dem die Lage und der Zustand stimmen und das auch noch gut vermietet ist, kommt nur selten zum Verkauf. Schließlich kann auch der bisherige Eigentümer das Kapital nicht besser anlegen. Um ein solches Objekt zu finden, benötigt man erheblich mehr Zeit als zum Kauf einer kleinen Eigentumswohnung. Wenn Sie jedoch aufmerksam Woche für Woche den Immobilienteil Ihrer Tageszeitung studieren, dann stellen Sie fest, daß auch solche Objekte immer wieder angeboten werden. Meist handelt es sich dabei um Erbgemeinschaften, bei denen keiner der Erben das Objekt übernehmen will. Oft sind es aber auch Verkäufer, die selbst in einem solchen Haus ihr Geschäft betreiben, sich jetzt aber zur Ruhe setzen wollen und deshalb das Anwesen zum Kauf anbieten. Ich habe oft ein ganzes Jahr lang die Immobilienangebote studiert und zahlreiche Besichtigungen vornehmen müssen, bis ich auf eine solche »Perle« gestoßen bin.

In den letzten Jahren habe ich festgestellt, daß die Angebote an soliden Wohn- und Geschäftshäusern zugenommen haben. Hierfür gibt es mehrere Gründe: Die gesetzlichen Bestimmungen, Mehrfamilienhäuser in Eigentumswohnungen »umzuwandeln« und anschließend zu verkaufen, sind verschärft worden. Dadurch haben viele sogenannte Aufteilerfirmen das Interesse am Kauf und an der Vermarktung von Mehrfamilienhäusern verloren. Ein weiterer Grund für die rückläufige Zahl der Kaufinteressenten an Mehrfamilienhäusern in den alten Bundesländern ist die totale Veränderung des Immobilienmarktes seit der Wiedervereinigung Deutschlands. Die steuerlichen Anreize sorgen immer noch dafür, daß viele Anleger ihr Kapital in Ostdeutschland investieren. Wer sein Geld jedoch in den neuen Bundesländern ausgibt, fällt als Käufer in den alten Bundesländern aus. Und weniger Kaufinteressenten bedeuten günstigere Preise.

Machen Sie die Probe aufs Exempel. Schauen Sie in eine der nächsten Wochenendausgaben Ihrer Tageszeitung und suchen Sie sich ein Objekt aus. Es sollte ein Wohn- und Geschäftshaus mit gewerblichem Wohnteil sein und in etwa die folgenden Kriterien erfüllen:

Baujahr
Das Baujahr der Immobilie ist für die Vermietung nicht sehr entscheidend. Wichtig ist, daß die normalen Instandhaltungsarbeiten ständig vorgenommen wurden. Ideale Baujahre sind die Jahre zwischen 1950 und 1985. Bei Häusern, die in diesem Zeitraum gebaut wurden, ist das Risiko böser Überraschungen in der Bausubstanz gering. Neubauten, also Objekte, die erst wenige Jahre alt sind, eignen sich selten zur Kapitalanlage, da das Verhältnis Kaufpreis zu Mieteinnahme meist ungünstiger ist als bei älteren Häusern.

Lage
Wenn der Gewerbeanteil überwiegt (Laden, Büros, Gastronomie o. ä.), dann ist eine zentrale Lage von Vorteil. Dies kann auch eine Hauptstraße sein. Das Objekt muß dabei nicht in der allerbesten Einkaufsstraße liegen. Im Gegenteil: Häuser in der sogenannten Ia-Lage (Fußgängerzone) werden häufig als Liebhaberobjekte zu überdurchschnittlich hohen Preisen gehandelt

und eignen sich oft nicht als Renditeobjekte für einen Kapitalanleger. Wenn bei der Immobilie jedoch der überwiegende Teil aus Wohnungen besteht, dann sollte sich das Objekt möglichst in einer ruhigeren Zentrumslage, abseits der großen Hauptstraßen befinden. Dies erleichtert die Vermietung der Wohnungen. Dabei kann es sich ohne weiteres um eine zentrale Stadtlage handeln. Es muß also nicht die klassische »ruhige Lage am Stadtrand« sein.

Raumaufteilung
Ein ideales Renditeobjekt besitzt Geschäftsräume im Erdgeschoß, beispielsweise Ladengeschäfte, Gastronomieräume oder eine Werkstatt. Im Obergeschoß bieten sich Büro- oder Praxisräume für Arzt, Steuerberater, Rechtsanwalt usw. an. In den darüberliegenden Etagen sollten sich mehrere Mietwohnungen befinden.

Kaufpreis
Ein Objekt wie oben beschrieben ist in den meisten deutschen mittelgroßen und Großstädten je nach Lage, Größe und Baujahr in einer Preisklasse zwischen 800 000 und 1,5 Millionen Mark zu bekommen. Ausgenommen sind Objekte in der allerbesten Lage, der Fußgängerzone oder Neubauten. In diesen Fällen gelten andere Maßstäbe.

Mieteinnahmen

Die Mieteinnahmen aus einem solchen Objekt sollten sich in etwa wie folgt zusammensetzen:

Gewerberäume im Erdgeschoß: monatlich ca. 2000 bis 5000 DM

Büroräume im Obergeschoß: monatlich ca. 1000 bis 3000 DM

Wohnungen insgesamt: monatlich ca. 1000 bis 4000 DM

Finanzierung

Legt man einen Kaufpreis inklusive Nebenkosten von 1 Million DM und eine monatliche Gesamtmiete von wenigstens 5000 DM zugrunde, dann errechnet sich folgende Finanzierung:

Kaufpreis inklusive Nebenkosen:	1 000 000 DM
Eigenkapital z. B.:	200 000 DM
Zu finanzierender Restbetrag:	800 000 DM
7 Prozent Zins und 1 Prozent Tilgung = 8 Prozent p. a. =	64 000 DM
Dies entspricht einer Monatsbelastung von	5300 DM.

Die Monatsbelastung wird in diesem Beispiel durch die Miete fast vollständig ausgeglichen, so daß sich die Restschuld für das Objekt vom ersten Monat an praktisch von selbst finanziert.

Welche steuerlichen Vorteile bietet eine Renditeimmobilie?

Wenn Sie eine Immobilie zum Selbstbezug kaufen und es sich um einen Neubau handelt, dann stellen die neuen Steuervergünstigungen einen wichtigen Teil des Finanzierungsplanes dar. Beim Kauf einer Immobilie, die vermietet werden soll, sieht die steuerliche Seite jedoch völlig anders aus. Als Faustregel gilt: Je mehr Verluste Sie mit der Immobile machen (z. B. Nebenkosten, Agio, Zinsen), um so größer ist der Betrag, den Sie steuerlich absetzen können. Sie sollten dennoch nur solche Immobilien kaufen, mit denen Sie keine Verluste machen, sondern die sich mehr oder weniger von selbst finanzieren.

Die steuerlichen Vorteile bei guten Renditeobjekten sind recht gering. In erster Linie geht es um zwei Positionen: zum einen um die normale Altbauabschreibung von 2 Prozent jährlich vom Gebäudewert und zum anderen um die Schuldzinsen, die Sie für das Darlehen an die Bank zahlen. Den Schuldzinsen werden die Mieteinnahmen gegenübergestellt. Wenn Sie gute Immobilien kaufen, dann werden die Mieteinnahmen die Schuldzinsen jedoch bereits in wenigen Jahren übertreffen. In diesem Fall gibt es sowieso nicht mehr viel abzuschreiben.

Vor- und Nachteile von Ostimmobilien

Die große Nachfrage nach Renditeobjekten in den neuen Bundesländern geht zweifellos auf die höheren Abschreibungsmöglichkeiten zurück. Ich habe dennoch keine einzige Ostimmobilie gekauft, da ich nur Immobilien kaufe, die im näheren Einzugsgebiet meines Wohnortes liegen. Hier kenne ich die örtlichen Verhältnisse, kann mir bei einem Mieterwechsel die Mieter selbst aussuchen, und wenn Reparaturen anfallen, kann ich die Handwerker beauftragen, die ich bereits kenne.

Die erheblichen Steuervorteile von Ostimmobilien ziehen ein oft unrealistisch hohes Preisniveau nach sich. Oder anders ausgedrückt: Was man an Steuerrückzahlungen vom Finanzamt erhält, hat man zuvor über einen überhöhten Kaufpreis finanziert. Ohne Steuervorteile wären die meisten Ostimmobilien zu den aktuellen Preisen unverkäuflich. Als Grundsatz im Immobiliengeschäft gilt jedoch: Eine Immobilie muß auch ohne Steuervorteile ihren Preis wert sein. Dies ist bei den meisten Ostimmobilien nicht der Fall. Zudem dürfte der spätere Verkauf von Ostimmobilien äußerst schwierig, wenn nicht gar unmöglich sein. Einerseits hat der spätere Käufer keine erhöhten Steuervorteile mehr, andererseits drängen unzählige Verkäufer auf den Markt, die ihre Immobilien nur zum Zweck der Steuerersparnis erworben haben. Schließlich ist ein Käufer, der in den alten Bundesländern wohnt, für die Verwaltung der Ostimmobilien, bei Reparaturen, Mieterwechsel oder bei Streitigkeiten auf Fremdfirmen angewiesen. Aufgrund der meist großen Entfernungen artet selbst der Besuch der jährlichen Eigentümerversammlung in einen Tagesausflug aus.

Tips für Leser, die bereits ein Renditeobjekt besitzen

Im Gegensatz zu Eigentumswohnungen gibt es beim Kauf eines kompletten Mehrfamilienhauses in der Regel keine Instandsetzungsrücklage. Selbst wenn das Objekt in einem ordentlichen Zustand ist, muß für überraschende Reparaturen ein finanzieller Spielraum vorhanden sein. Selbstverständlich können größere Reparaturen oder Modernisierungsmaßnahmen finanziert werden, da es sich um werterhaltende oder wertsteigernde Maßnahmen handelt. In diesem Fall wird das bestehende Immobiliendarlehen einfach aufgestockt.

Bei einem Mieterwechsel im gewerblichen Bereich kann es hin und wieder länger dauern, bis man einen geeigneten Nachmieter gefunden hat. Deshalb sollte man darauf achten, daß gewerbliche Mietverträge eine Kündigungsfrist von mindestens 6 Monaten enthalten. Unbedingt erforderlich ist auch die Stellung einer Kaution durch den Mieter. Während bei der privaten Wohnungsvermietung üblicherweise 2 bis maximal 3

Monatsmieten ausreichen, sollte die Kaution bei gewerblichen Mietern nicht unter 3 Monatsmieten liegen. Wer sich ein komplettes Mehrfamilienhaus zulegt, muß sich darüber im klaren sein, daß er normalerweise keinen Hausverwalter beschäftigt, sondern ein solches Objekt selbst verwaltet. Dies führt dazu, daß sich die betroffenen Mieter bei jeder Reparatur und jedem Problem stets direkt an den Hausbesitzer wenden, da ja kein Hausverwalter vorhanden ist.

Sie sehen schon: Ganz so problemlos wie mit den zuvor beschriebenen Eigentumswohnungen läuft die Verwaltung eines Mehrfamilienhauses nicht ab. Wer diesen Aufwand nicht scheut, legt mit dem Kauf einer solchen Immobilie allerdings den Grundstock für ein erhebliches Immobilienvermögen. Ich erinnere nochmals daran, daß es bereits mit einem Eigenkapital ab 100 000 DM möglich ist, ohne nennenswerte weitere Zuzahlungen ein Millionenvermögen aufzubauen. Wer früh im Leben eine solche Kaufentscheidung trifft, baut sich eine Altersversorgung auf, die diesen Namen wirklich verdient. Wie sich Inflationsrate, Zinsen, Mieten und Preise auch entwickeln mögen: Ein bezahltes, schuldenfreies Wohn- und Geschäftshaus in stadtnaher Lage einer mittelgroßen oder Großstadt ist auch in Zukunft eine sichere Sache.

Immobilienkauf: Über den Makler oder von Privat?

Wenn Sie eine Immobilie suchen, gleichgültig, ob eine Wohnung, ein Haus oder ein Renditeobjekt, dann führt kein Weg am Immobilienteil Ihrer regionalen Tageszeitung vorbei. Gehen Sie hierbei systematisch vor, und treffen Sie aus dem Samstagsangebot eine Vorauswahl der in Frage kommenden Objekte. Es macht keinen Unterschied, ob die Objekte von einem Makler, Bauträger oder direkt vom Eigentümer angeboten werden. Letztlich zählen nur das Objekt und die Fakten. Ein Angebot vom Immobilienmakler muß trotz der Maklergebühr letztlich nicht teurer sein als eines, das direkt vom Eigentümer kommt. Manches scheinbar günstige Angebot »von Privat« entpuppt sich beim Besichtigen als derart unrealistisch, daß sogar Immobilienmakler den Auftrag ablehnen.

Wenn Ihnen ein Objekt zusagt, dann machen Sie dem Verkäufer ein Kaufpreisangebot. Bei diesem Preis berücksichtigen Sie die anfallenden Nebenkosten. Diese bestehen nicht nur aus Maklergebühren, sondern auch aus Kosten für die Grunderwerbssteuer, den Notar und eventuell erforderliche Renovierungsaufwendungen. Je höher diese Nebenkosten ausfallen, desto niedriger wird Ihr Preisangebot.

Meine besten Objekte habe ich über Immobilienmakler gekauft. Ein erfahrener Makler kann beim Verkäufer ein Kaufpreisangebot viel besser durchsetzen als wir selber. Der Makler hat beim Verkäufer immer ein starkes Argument. Er weist diesen darauf hin, daß nach wochen- oder monatelangen Bemühungen unser Angebot das beste ist, und empfiehlt dem Verkäufer, es anzunehmen. Deshalb habe ich Maklergebühren für die Vermittlung einer guten Immobilie immer gerne bezahlt.

Zu welcher Jahreszeit kauft man Immoblien besonders günstig?

Obwohl man eine Immobilie normalerweise »fürs Leben« kauft, ist es tatsächlich so, daß es Jahreszeiten gibt, in denen man oftmals günstiger zum Zuge kommen kann. Am meisten gilt dies für den Kauf von leerstehenden Einfamilienhäusern, die vielfach von Erbengemeinschaften veräußert werden.

Vor allem in den naßkalten Wintermonaten machen solche Objekte oft einen ganz besonders trostlosen Eindruck. Hinzu kommt, daß zur kalten Jahreszeit auch ein Garten nicht einladend wirkt, und wenn die Verkäufer dann noch an Heizkosten sparen wollen und das Haus kaum heizen, dann steigen Ihre Chancen auf ein Schnäppchen. Die meisten Interessenten haben zu wenig Phantasie, sich dasselbe Haus an einem warmen Frühjahrstag vorzustellen – mit blühenden Bäumen, Vogelgezwitscher und einer Terrasse, die mit einladenden Gartenmöbeln und einem großen Erdbeerkuchen bestückt ist. Falls Sie einmal in die Lage kommen sollten, eine vorhandene Immobilie zu verkaufen, dann vergessen Sie nicht, den Verkauf dann durchzuführen, wenn die äußeren Umstände besonders günstig sind.

Neben günstigen und weniger günstigen Jahreszeiten gibt es auch Tageszeiten, an denen man in die Falle tappen kann. Wenn Sie ein Objekt am Sonntagvormittag besichtigen, dann prüfen Sie, ob der Verkäufer diesen Zeitpunkt nicht gewählt hat, weil an normalen Wochentagen der Straßenverkehr vor dem Haus unerträglich ist. Ich kann Ihnen in Stuttgart ein Dutzend Straßen nennen, in denen man wirklich nur am frühen Sonntagvormittag eine Hausbesichtigung durchführen kann.

Soll man beim Kauf eine freiwerdende Wohnung bevorzugen?

Als Faustegel gilt, daß eine vermietete Wohnung erheblich preiswerter ist als eine vergleichbare Wohnung, die frei ist oder frei wird. Der Grund liegt auf der Hand: Die meisten Wohnungskäufer suchen eine Wohnung zum Selbstbezug und nicht zum Vermieten. Diese winken sofort ab, wenn sie in der Zeitung oder im Maklerangebot lesen, daß die zum Verkauf kommende Wohnung noch vermietet ist.

Das ist verständlich. Schließlich haben wir in Deutschland eines der härtesten Kündigungsschutzgesetze der Welt, und wer will schon eine Wohnung kaufen, bei der man erst einen Anwalt bemühen muß, um eventuell irgendwann einmal einen »Eigenbedarf« anerkannt zu bekommen? Hinzu kommt, daß vermietete Wohnungen schwieriger zu besichtigen sind. Der Eigentümer oder Makler muß ständig Besichtigungstermine mit dem Mieter ausmachen. Viele Mieter spekulieren auf die heimlichen Befürchtungen des Kaufinteressenten und weisen darauf hin, daß sie nicht ausziehen wollen und außerdem sehr viel in die Wohnung investiert hätten.

Wenn Sie eine Wohnung zur Vermögensbildung suchen, in die Sie nicht selbst einziehen wollen, dann bevorzugen Sie eine vermietete Wohnung. Denn die meisten Verkäufer von vermieteten Wohnungen sind bereits nach wenigen Wochen derart »genervt«, daß sie bei solchen Objekten oft erhebliche Preiszugeständnisse machen. Falls Sie in die betreffende Immobilie einziehen wollen, dann sollten Sie scharf rechnen. Wollen Sie den Aufwand und Ärger auf sich nehmen und dem Mieter kündigen, dann können Sie als Ausgleich eine solche Wohnung zwischen 10 und 30 Prozent günstiger bekommen als eine vergleichbare freie Wohnung.

Warum Immobilien mit geringen Mieteinnahmen dennoch eine gute Anlage sein können

Wer sich eine Wohnung zur Vermögensbildung kaufen will, der will die Mieteinnahmen zur Abzahlung seines Immobiliendarlehens nutzen. Deshalb winken viele potentielle Käufer ab, wenn eine Wohnung aus irgendwelchen Gründen eine sehr niedrige Mieteinnahme hat. Geringe Mieten kommen oft dadurch zustande, daß es sich um eine Werkswohnung bzw. Mitarbeiterwohnung handelt und der Eigentümer dem Mieter eine günstige Miete eingeräumt hat. Es kann sich auch um langjährige Mieter handeln, bei denen die bisherigen Eigentümer aufgrund des guten Verhältnisses die Miete nicht erhöht haben. Was soll man tun, wenn der Mieter einer Einzimmerwohnung statt der für die Finanzierung erforderlichen Miete von 400 bis 500 Mark lediglich 200 Mark bezahlt? Soll man abwinken und eine andere Wohnung suchen, oder stellt eine solch geringe Miete eventuell nicht auch einen Vorteil dar?

In der Tat bietet eine niedrige Miete gleich zwei erhebliche Vorteile. Zum einen vertreibt sie die restlichen Kaufinteressenten, die den Nachteil einer vermieteten Wohnung gerade noch so akzeptiert hätten. Wenn diese die Miethöhe erfahren, ist das Thema beendet, und Sie haben wieder die besten Chancen, ein weiteres Schnäppchen zu machen. Der zweite Vorteil von preiswert vermieteten Wohnungen liegt im steuerlichen Bereich. Durch die niedrige Miete steigt die Differenz zwischen Zinszahlung und Mieteinnahmen. Es entsteht somit ein größerer steuerlicher Verlust, den Sie in Ihrer Steuererklärung voll geltend machen können.

Lassen Sie mich diesen Punkt nochmals besonders hervorheben. Eine niedrige Miete muß unbedingt auf den Kaufpreis durchschlagen, sonst wäre es eine teure Immobilie. Wenn Sie bereit sind, für eine klassische gebrauchte Einzimmerwohnung 100 000 DM zu bezahlen, dann muß der Kaufpreis in Anbetracht der niedrigen Miete wenigstens 10 bis 20 Prozent darunter liegen. Nur dann gilt die alte Börsenregel: »Im Einkauf liegt der Gewinn.« Der niedrigere Einkaufspreis ist bereits eine versteckte Wertsteigerung. Denn irgendwann wird auch die niedrige Miete dem ortsüblichen Niveau angepaßt, oder die Wohnung wird frei. Spätestens dann verwandelt sich der Preisnachlaß in einen echten Gewinn.

Vorsorglich möchte ich Sie darauf hinweisen, daß eine niedrige Miete den Finanzierungsplan Ihrer Bank durcheinanderbringen kann. Der Computer der Bank, der die Finanzierung ausrechnet, erkennt solche versteckten Wertsteigerungen nicht, sondern rechnet stur mit den Größen Kaufpreis, Eigenkapital und Miete. Sprechen Sie deshalb gegebenenfalls persönlich mit Ihrem Bankberater. Ich bin sicher, daß dieser die Sachlage erkennt und einer Finanzierung dann nichts mehr im Wege steht.

Immobilienfinanzierung mit Bauspardarlehen

Obwohl die Bausparidee erst kürzlich ihr 75jähriges Jubiläum gefeiert hat, ist eine Bausparfinanzierung lange nicht so attraktiv, wie es die Werbung verspricht. Der Bausparvertrag wurde im Jahr 1921 von Georg Kropp im schwäbischen Wüstenrot erfunden. Der Erfinder hatte bereits damals folgende Feststellung getroffen: »Je weniger Geld ein Mensch besitzt, desto intensiver träumt er vom Eigenheim.«

Der Wohlstand der Nachkriegszeit ist tatsächlich untrennbar mit dem Bausparen verbunden. Ausgehend vom Schwabenland, wo auch heute noch viele Bausparkassen ihren Sitz haben, eroberte die Bausparidee ganz Deutschland. Wer jedoch in der Praxis mit Hilfe eines Bausparvertrages versucht, eine Immobilie zu finanzieren, der stellt bald fest, daß die Bausparfinanzierung teuer ist. Es ist ein Glück für die Bausparkassen, daß die meisten Kunden nicht exakt rechnen. Es gibt inzwischen zahlreiche Untersuchungen (u. a. der Stiftung Warentest), die nachweisen, daß eine Bausparkassenfinanzierung in vielen Fällen sogar kostspieliger ist als eine normale Bankfinanzierung.

Der größte Nachteil der Bausparfinanzierung ist, daß man in den seltensten Fällen das Bauspardarlehnen bekommt, wenn man es tatsächlich braucht. Fast immer sind teure Vorfinanzierungen erforderlich, bei denen selbst das bereits vorhandene eigene Geld mitfinanziert werden muß. Die Fristen bis zur Auszahlung des echten Bauspardarlehens können sich um Jahre verschieben. Nicht zuletzt stellt auch der entgangene Zins während der Ansparphase einen Verlust dar, der auf keinem Kontoauszug erscheint und von den meisten Sparern nicht berücksichtigt wird.

Der Hauptnachteil der Bausparfinanzierung ist die extrem kurze Darlehenszeit. Während normale Bankfinanzierungen auf bis zu 28 Jahre ausgelegt sind, müssen die meisten Bauspardarlehen in rund 10 Jahren zurückgezahlt sein. Dies führt zu einer extrem hohen Tilgungsrate, und damit wird der Vorteil, den die schleichende Inflation mit sich bringt, für den Immobilienkäufer zunichte gemacht.

In der laufenden Geldentwertung steckt der größte Vorteil eines Immobilienerwerbs auf Kredit. Nach rund 10 Jahren wirkt sich die Inflationsrate erst richtig auf unsere Restschuld aus. Die Bausparfinanzierung macht diesen Vorteil von vornherein zunichte, weil in ihrem Konzept zu diesem Zeitpunkt die Schuld bereits getilgt sein muß. Anders ausgedrückt: Wer mit einem Bauspardarlehen eine Immobilie finanziert, der zahlt seine Schulden viel zu schnell mit »gutem« Geld zurück. Gerade Schulden, die eine Laufzeit von 20 Jahren oder mehr haben, werden letztlich zum größten Teil von der Inflation getilgt.

Mein Rat: Finanzieren Sie die gesamte Restschuld über eine einzige Bank, am besten über Ihre Hausbank. Solange wir uns noch auf niedrigem Zinsniveau befinden, sollten Sie eine möglichst lange Zinsbindung vereinbaren – besser 10 Jahre als nur 5, auch im Hinblick auf mögliche Turbulenzen in Verbindung mit der neuen Europawährung.

Immobilienfinanzierung durch Lebensversicherungen

Wenn ich Ihnen schon von einer Bausparkassenfinanzierung abrate, dann noch viel mehr vor der Finanzierung über Lebensversicherungen. Wie die Vertreter der Bausparkassen locken die Lebensversicherungsvertreter die Kunden mit scheinbar niedrigen Zinsen. Dies ist jedoch immer nur die halbe Wahrheit.

Wenn Sie sich bei einer Lebensversicherung einen Kredit borgen, dann müssen Sie sich im klaren darüber sein, daß dieser Kredit bis zum Ablauf der Versicherung nicht zurückbezahlt wird. In der Praxis geht es dabei um einen Zeitraum von durchschnittlich 25 Jahren. Der Kredit soll mit der Auszahlungssumme aus der Lebensversicherung getilgt werden. Da jedoch keine laufende Tilgung erfolgt, zahlen Sie auch während der gesamten Laufzeit immer die vollen Zinsen auf die gesamte Darlehenssumme. Dies ist schon psychologisch schlecht. Ihr Darlehen ist auch nach 10 Jahren um keinen Pfennig abgetragen. Wie hoch dagegen die Auszahlungssumme der Lebensversicherung am Fälligkeitstag sein wird, ist bis zuletzt unsicher. Die Ergebnisse, die bis dato erzielt wurden, lassen sich nicht zuverlässig auf kommende Zeiten übertragen. Schließlich leben wir in einer immer hektischeren Welt. Wer kann da für 20 oder 25 Jahre exakte Prognosen über den Wertzuwachs einer Lebensversicherungspolice erstellen?

Vielen Immobilienkäufern ist weiterhin unbekannt, daß die Lebensversicherungen niemals die gesamte Immobilie finanzieren, sondern immer nur rund 50 Prozent. Das bedeutet, daß Sie für die Restfinanzierung in jedem Fall eine zusätzliche Bank benötigen. Bekanntlich erhalten Sie von Ihrer Bank jedoch auch nur dann einen günstigen Zinssatz, wenn die Bank die gesamte Finanzierung übernehmen kann und nicht nur sozusagen den »riskanten Rest«.

Zumindest in diesem Punkt ist die Bausparkasse einer Lebensversicherung überlegen. Auch bei einem Bausparkassendarlehen benötigen Sie üblicherweise ein zusätzliches Bankdarlehen. Da sich die Bausparkasse jedoch als Absicherung ihres Darlehens mit der »letzten Rangstelle« im Grundbuch begnügt, haben Sie zumindest bei den Konditionen für die Restfinanzierung bei Ihrer Hausbank kein Problem. Lebensversicherungen akzeptieren grundsätzlich nur die »erste Rangstelle« im Grundbuch als Sicherheit. Sie können Ihrer Bank für die Finanzierung des Restdarlehens also nur eine zweitrangige Sicherheit anbieten. Deshalb müssen Sie für diese Restfinanzierung einen etwas höheren Zins an Ihre Bank zahlen.

Zu guter Letzt wird Ihnen Ihr Lebensversicherungsberater erklären, daß bei einer Finanzierung über eine Lebensversicherung im Todesfall das gesamte Darlehen von der Versicherung getilgt wird. Hier können Sie kontern, daß dies mit einer preiswerten reinen »Risikoversicherung« ebenfalls möglich ist. Man kann es drehen und wenden, wie man will: Eine Lebensversicherung ist in fast allen Fällen immer die schlechteste Finanzierung für Immobilien.

Vor- und Nachteile von Versteigerungen

Die schwierige Wirtschaftslage bringt es mit sich, daß die Zahl der Immobilien, die zwangsversteigert werden, stark zunimmt. Immer mehr Anleger fragen sich daher, ob es sich nicht auszahlen würde, Versteigerungen zu besuchen.

Dazu gleich eines vorweg: Wenn Sie eine Immobilie zum Selbstbezug suchen, steht die Lage bzw. der Standort im Vordergrund. Daher ist die Auswahl an Versteigerungsobjekten in der Regel so gering, daß es sich nicht lohnt, sich damit zu beschäftigen. Anders verhält es sich jedoch, wenn es um eine Immobilie zur Vermögensbildung, also zum Vermieten, geht. Bei einer solchen Immobilie spielt der Standort keine entscheidende Rolle.

Auch wenn in manchen Presseberichten die Chancen bei Versteigerungen in den höchsten Tönen gelobt werden, sieht die Praxis meist ganz anders aus. Richtig ist, daß das eine oder andere Objekt preiswert ersteigert werden kann, doch ist dies eine mühsame Angelegenheit, und man bekommt nur selten ein Objekt, das den eigenen Vorstellungen entspricht.

Wer auf Versteigerungen sein Glück sucht, muß sich auf einige gravierende Probleme einstellen. Zunächst ist ein ungeheurer Zeitaufwand erforderlich. Der Versteigerer ist nicht der Makler oder der Eigentümer, und deshalb muß man sich die meisten Informationen über das Objekt mühsam selbst zusammensuchen. Eine Besichtigung der Immobilie ist oft nicht möglich. In einem Versteigerungsobjekt wohnen in der Regel die bisherigen Eigentümer, die sich mit Händen und Füßen gegen das Versteigern wehren oder oft selbst mitbieten wollen. Daher dürfen Sie nicht überrascht sein, wenn Sie von dieser Seite keine Unterstützung bekommen, sobald es um Fragen über den Bauzustand, Reparaturen oder gar um eine Besichtigung geht. Deshalb sollten Sie dann zu einer Versteigerung gehen, wenn Sie in der Lage sind, eine Immobile notfalls auch ohne Innenbesichtigung zu beurteilen.

Die Versteigerungstermine finden meist im Amtsgericht statt. Die ganze Zeremonie, einschließlich der Verlesung der Hinweise und Aufklärungen in Juristendeutsch, dauert mehrere Stunden. Sie sollten im Versteigerungssaal klären, inwieweit die bisherigen Eigentümer selbst mitsteigern wollen. Dies ist meist dann der Fall, wenn es sich um eine Zwangsversteigerung anläßlich einer Scheidung oder einer Erbauseinandersetzung handelt. Wenn Sie feststellen, daß der eine oder andere Eigentümer mitbieten will, dann können Sie den Saal gleich wieder verlassen. Schließlich geht es einem Eigentümer nicht darum, ein Schnäppchen zu machen. Ihm ist seine Immobilie immer mehr wert als eine andere.

Häufig sind auch Nachbarn an der Immobilie interessiert. Letztlich bedeutet dies, daß man oft einen halben Tag und länger auf dem Amtsgericht sitzt, um nach Stunden festzustellen, daß ein anderer Interessent einen höheren Preis zahlen will. All dies kann bei klassischen Verkaufsobjekten im Vorfeld geklärt werden. Der Zeitaufwand für den Besuch von Versteigerungen wird von den meisten Leuten völlig unterschätzt. Wer nur einmal im Leben zu einer Versteigerung geht, für den ist der Zeitaufwand unwichtig. Wenn Sie jedoch professionell regelmäßig Versteigerungen besuchen wollen, um einen guten Fang zu machen, dann sollten Sie möglichst keinem anderen Beruf mehr nachgehen. Leider können Sie sich bei Versteigerungen nicht vertreten lassen. Gelegentlich muß mitgesteigert werden, und dies erfordert viel Fingerspitzengefühl. Auch aus rechtlichen Gründen ist eine persönliche Anwesenheit notwendig. Obwohl ich bei einer Versteigerung nie zum Zuge gekommen bin, will ich Ihnen eine kleine Geschichte erzählen, wie sich ein Versteigerungstermin dennoch lohnen kann.

Gut 10 Jahre ist es her, als ein älteres Einfamilienhaus mit großem Garten in einem Vorort von Stuttgart zur Versteigerung kam. Der Schätzpreis lag seinerzeit bei rund 500 000 DM. Die meisten Gebote der Anwesenden bewegten sich zwischen 350 000 und 400 000 DM. Am Ende der »Bietstunde« war ich mit einem einzigen anderen Interessenten noch im Rennen. Dieser erklärte mir, daß ich keine Chance hätte, das Haus zu bekommen, da er auch einen Preis von 600 000 DM und mehr bezahlen würde. Da kam mir eine Idee. Ich sagte meinem Gegenüber, daß ich möglicherweise auf weitere höhere Gebote meinerseits verzichten würde. Dafür bot er mir eine Art Abfindung in Höhe von 15 000 DM an. Voraussetzung war, daß ich auf weitere Gebote verzichte und er das Objekt tatsächlich bekommen würde. Mein Mitbewerber kam zum Zuge und erhielt den Zuschlag. Ich marschierte mit 15 000 DM in der Tasche aus dem Versteigerungssaal und hatte trotzdem keine rechte Freude daran: Schließlich hätte ich das Objekt sehr gern selbst erworben.

Teil III: Der Euro

Der Euro kommt – die Mark geht

Wenn wir in einer Zeit, in der die Deutsche Mark abgeschafft werden soll, über Aktien und Immobilien reden, muß das Thema Eurowährung zur Sprache kommen. Deshalb möchte ich hier auf die wichtigsten Fragen eingehen, die mir von Anlegern in dieser Hinsicht immer wieder gestellt werden. »Die Deutschen werden einen Euro bekommen, der genauso hart ist wie die Mark«, sagen deutsche Politiker. Doch die meisten Deutschen sind skeptisch. Umfrageergebnisse zeigen, daß rund zwei Drittel der Bevölkerung die Einführung des Euro und die Aufgabe der Mark ablehnen. Schließlich gilt es, ein Geldvermögen von weit über 4 Billionen Mark vor Verlusten zu schützen.

Nach Einführung des Euro gibt es in den Teilnehmerländern nur noch eine Währung, eine Zentralbank, einen Zinssatz und damit eine Inflationsrate. Der Wechselkurs zwischen DM und Euro steht indessen noch nicht fest. Diese Entscheidung wird erst 1999 getroffen. Man kann aber davon ausgehen, daß der Euro nicht weit vom jetzigen Kurs des Ecu entfernt sein wird. Ein Ecu notiert zur Zeit bei knapp 2 DM.

Der Zeitplan für die Währungsunion sieht vorläufig so aus: 1998 soll abgestimmt werden, welche Länder die Voraussetzungen (Konvergenzkriterien) erfüllen. 1999 sollen die Wechselkurse der teilnehmenden Länder unwiderruflich gegen den Euro festgelegt werden. Bargeldlose Fremdwährungstransaktionen sollen bereits in Euro abgewickelt werden. 2002 sollen auch Banknoten und Münzen in die Eurowährung umgetauscht und damit die bisherigen nationalen Währungen abgeschafft werden.

Der Zinssatz in den Euroländern

Der Zinssatz kann nur ein Mittelwert zwischen den Zinsen aller teilnehmenden Länder sein. Den höchsten Zinssatz mit 10 Prozent hat zur Zeit Italien, den niedrigsten mit ca. 6 Prozent hat Deutschland. Der Eurozinssatz wird zwischen diesen beiden Werten liegen. Wenn der Zinssatz in der Eurowährung höher ist als in der DM, werden zwangsläufig Kursverluste in DM-Anleihen entstehen. Schließlich wird kein Mensch aus zweiter Hand Anleihen mit einem Zinssatz von 6 Prozent kaufen, wenn der aktuelle Zinssatz bei neuen Anleihen beispielsweise bei 8 Prozent liegt.

Meine Empfehlung für Besitzer von lang laufenden Anleihen: Verkaufen Sie diese frühzeitig, um das Risiko von Kursverlusten zu umgehen. Investieren Sie lieber in Anleihen mit kurzer Restlaufzeit. Wenn Sie Ihre lang laufenden Anleihen behalten und es tatsächlich zu einem Kursverlust kommt, besteht dennoch kein Grund zur Aufregung. Jeder Kursverlust von Anleihen wird schließlich bis zum Ende der Laufzeit wieder ausgeglichen. Jede Anleihe wird am Fälligkeitstag stets zu 100 Prozent ausbezahlt. Ein echter Verlust kann nur dann entstehen, wenn Sie gezwungen sind, die Anleihe während der Laufzeit zu verkaufen.

Eurowährung: Pro und contra

Zu den Vorteilen der Eurowährung gehört, daß das Risiko einer Wechselkursänderung wegfällt. Darüber hinaus entfallen die Umtauschkosten zwischen den EU-Währungen, z. B. Kauf- und Rücktauschkosten bei Urlaubswährungen. Die Länder mit derzeit hohen Zinsen werden in den Genuß niedrigerer Zinsen kommen, mit entsprechenden Auswirkungen auf die Konjunktur.

Die Nachteile: Länder mit niedrigen Zinsen und Inflationsraten werden mit höheren Zinsen und Inflationsraten zu rechnen haben. Das Risiko einer höheren Inflationsrate wächst. Die neue europäische Zentralbank könnte dem entgegenwirken. Diese Zentralbank hat ihren künftigen Sitz in Frankfurt. Sie ist der deutschen Zentralbank sehr ähnlich. Viele Fachleute befürchten jedoch, daß eine europäische Zentralbank nationalen Interessen nicht immer angemessen Rechnung tragen kann.

Ein weiteres Risiko der Eurowährung besteht

darin, daß die Länder bei Eintritt in die Währungsunion zwar die Bedingungen erfüllen, manche nach ihrem Beitritt jedoch wieder davon abweichen. Die Versuchung, die Kosten unsolider Haushaltspolitik auf die Gemeinschaft abzuwälzen, dürfte nicht gering sein. Angenommen, Italien hat die Bedingungen zur Teilnahme erfüllt und wird Mitglied der Währungsunion. Ein überraschender Anstieg der Arbeitslosigkeit zwingt die Regierung zum Handeln. Im bisherigen System verschiedener Wechselkurse würden die Zinsen in Italien steigen, die Lira würde aufgewertet und die Exporte würden sinken. In einer Währungsunion kann jedoch weder der Zinssatz eines einzelnen Landes steigen noch die Währung sich verändern. Es ist also zu erwarten, daß der Zinssatz in der gesamten Währungsunion steigt, mit entsprechenden Auswirkungen auf den Wechselkurs und die Wettbewerbsfähigkeit gegenüber Nicht-EU-Ländern. Man sieht: Die negativen Auswirkungen unsolider Haushaltspolitik eines einzelnen Landes können sich teilweise auf die Gemeinschaft übertragen.

Die Teilnehmerländer der Währungsunion

Über den Teilnehmerkreis der Währungsunion wird erst 1998 endgültig entschieden. Teilnehmen darf, wer folgende Voraussetzungen (Konvergenzkriterien) erfüllt: Die Inflation darf nicht mehr als 1,5 Prozent über dem Durchschnitt der 3 Länder mit den niedrigsten Raten liegen. Das Zinsniveau darf sich maximal 2 Prozent über dem Durchschnitt der 3 Länder mit den niedrigsten Raten befinden. Das Budgetdefizit muß weniger als 3 Prozent des Bruttoinlandsproduktes betragen, die Verschuldung weniger als 60 Prozent des Bruttoinlandsproduktes. Die Währung muß in den letzten 2 Jahren innerhalb der normalen Bandbreite des Europäischen Währungssystems (EWS) gelegen haben.

Und wenn alle Länder der EU teilnehmen? Nach Bekanntgabe dieser Entscheidung würden die Zinsen in Weichwährungsländern wie Spanien, Italien und Griechenland fallen, die Zinsen in Hartwährungsländern dagegen würden steigen.

Im Augenblick erfüllt lediglich Luxemburg die Konvergenzkriterien. Aber auch Deutschland, Frankreich, Österreich, Holland und Finnland haben gute Chancen, die Voraussetzungen zumindest einigermaßen zu schaffen. Großbritannien und Dänemark wären wohl auch in der Lage, die Kriterien zu erfüllen. Der überwiegende Teil der Bevölkerung in diesen beiden Ländern lehnt bisher jedoch eine Teilnahme an der Währungsunion ab.

Was passiert, wenn die Währungsunion verschoben wird?

In diesem Fall kommt es zu großen Kapitalbewegungen in die sicheren Währungshäfen, also in erster Linie zurück zur DM und – als einzige wirkliche Alternative außerhalb Europas – in den US-Dollar. Außer bei der Deutschen Mark sind bei allen anderen Währungen Europas dagegen Kurs- und Währungsverluste zu befürchten. Die Mark wird gegen die europäischen Währungen aufgewertet, mit den bekannten negativen Folgen für die deutsche Exportwirtschaft. Deutsche Exportaktien würden in diesem Fall zu den Verlierern gehören.

Wer profitiert vom Euro?

Vieles spricht dafür, daß der Euro kommt. Dies bedeutet für Deutschland mit größter Wahrscheinlichkeit eine höhere Inflationsrate und höhere Zinsen. Inflationsgewinner sind von jeher jedoch die Besitzer von Sachwerten, das heißt von Immobilien und Aktien. Auch Aktien sind Sachwerte, weil wir ja als Aktionäre Teilhaber an dem jeweiligen Unternehmen sind.

Am meisten profitieren Sie deshalb von der künftigen Eurowährung, wenn Sie nicht nur Immobilien besitzen, sondern diese auch zu einem großen Teil mit Krediten finanziert haben. Schließlich zahlen Sie Ihre Kredite mit »schlechterem Geld« zurück. Der Preis für Sachwerte, also Immobilien und Aktien, wird unter dem Euro stärker steigen als unter der DM. Eine »schwächere« Währung mit höherer Inflationsrate sorgt für steigende Preise. Als Immobilienbesitzer oder Aktionär können Sie deshalb dem Euro gelassen entgegensehen.

Soll man Deutsche Mark in Dollar umtauschen?

Aus Angst vor dem Euro tauschen viele Anleger ihre Geldanlagen von DM in Dollar um. Wie funktioniert dieser Wechsel technisch, und lohnt er sich?

Die meisten deutschen Banken bieten die Möglichkeit, ein Dollarkonto zu unterhalten. So kann man, ohne die Bank zu wechseln, Anlagen auf Dollar-Basis tätigen. Mein Tip: Wenn Sie dem Dollar längerfristig mehr trauen als der DM oder dem Euro, dann kaufen Sie einfach amerikanische Aktien. Selbst wenn Sie US-Aktien hierzulande auf DM-Basis kaufen, profitieren Sie automatisch an einem höheren Devisenkurs, das heißt, ein steigender Dollar führt automatisch zu höheren Kursen von US-Aktien auf DM-Basis.

Teil IV: Kleines Aktien- und Immobilienlexikon

Agio

Zu deutsch: Aufgeld. Das Aufgeld ist der Betrag, den man für ein Wertpapier mehr bezahlt, als es rechnerisch wert ist. Was im normalen Geschäftsleben eher als unseriös gilt, ist im Börsengeschäft, vor allem bei den Optionsscheinen, gang und gäbe. Bei der Immobilienfinanzierung stellt das Agio eine Bankprovision dar. Wer beispielsweise einen Immobilienkredit für 100 000 DM bekommt, muß bei einem Agio von 2 Prozent letztlich 102 000 DM zurückzahlen. Je höher das Agio, um so niedriger kann jedoch die Bank den Darlehenszins kalkulieren. Ein Agio ist oft aus steuerlichen Gründen interessant. Im Normalfall sollte ein Immobilienkäufer jedoch eine Finanzierung mit 100 Prozent Auszahlung ohne Agio bevorzugen.

Amtlicher Handel

Ein Begriff aus dem Börsengeschäft. Aktien werden an der Börse in 3 verschiedenen Abteilungen gehandelt. Nur Aktien, die den höchsten Formvorschriften entsprechen, werden zum amtlichen Handel zugelassen. Dazu gehört beispielsweise, daß die Gesellschaften außer dem Jahresbericht regelmäßig Zwischenberichte veröffentlichen.

Im amtlichen Handel werden somit alle bekannten deutschen Konzerne gehandelt, von A wie Allianz bis Z wie Zanders.

Baisse
Wenn Aktienkurse über einen Zeitraum von Wochen oder Monaten im Kurs permanent sinken, sprechen Anleger von einer Baisse. Sie ist das Gegenteil von einer Hausse, also einer Phase steigender Kurse.

Bauträger
Ein Unternehmen, das auf eigene Rechnung Eigentumswohnungen und Wohnhäuser erstellt und verkauft. Der Kauf einer Immobilie vom Bauträger gilt als »Ersterwerb« und hat höhere Steuervorteile als der Kauf einer gebrauchten Wohnung vom Immobilienmakler oder privaten Verkäufer. Dafür sind bei gebrauchten Immobilien auf dem Verhandlungsweg oft erhebliche Preisnachlässe zu erzielen. Merke: Profis kaufen selten vom Bauträger.

Bezugsrecht
Als Aktionär erhalten wir nicht nur jährlich unsere Dividende, sondern auch ab und zu ein Angebot des Unternehmens, neue Aktien zu einem Sonderpreis zu beziehen. Lehnen wir den Kauf neuer Aktien ab, weil wir beispielsweise gerade kein Geld haben, dann können wir dieses sogenannte Bezugsrecht an einen anderen Anleger verkaufen. Ein Bezugsrecht ist eine Art Gutschein

für den Erwerb neuer Aktien zum Sonderpreis. Den Verkauf dieses Bezugsrechts übernimmt die Bank, der Wert des Bezugsrechts wird täglich an der Börse ermittelt.

Blue Chips
Sammelbegriff für Aktien der besten Unternehmen eines Landes, in Deutschland beispielsweise Deutsche Bank, Allianz, Siemens, Daimler-Benz; in den USA: Coca-Cola, Philip Morris; in Japan: Canon, Sony, Toyota.

Bonität
Mit diesem Begriff wird die Qualität eines Schuldners bezeichnet. Die Bonität stellt den Ruf eines Unternehmens dar. Wenn sich ein Unternehmen am Kapitalmarkt Kredite verschafft, wird von Analysten zunächst die Bonität der Firma geprüft: Wie groß ist die Chance, daß die Zinsen und später die Tilgung pünktlich zurückgezahlt werden? Je nach Qualität dieser Einschätzung bekommt das Unternehmen den Kredit über die Anleihe zu unterschiedlichen Zinsen. Je höher die Banken das Risiko einschätzen, desto höher ist der Zinssatz, den die Unternehmen bezahlen müssen.

Broker
Auf deutsch: Aktienhändler. Sie sind die »Soldaten im Börsengeschäft«. Sie fragen im Börsensaal die Kauf- und Verkaufsangebote ab und schreien ihre Aufträge heraus. Zum Beispiel: »1000 Stück

Bayer zu 80 Mark!« Ein anderer Broker schreit zurück: »An dich!« Das Geschäft ist perfekt. Innerhalb von wenigen Sekunden haben 1000 Aktien des Chemiekonzerns Bayer den Eigentümer gewechselt.

Bullen und Bären
Börsendausdruck für Spekulanten. Der Bulle ist der Optimist. Er sieht die Kurse steigen und kauft deshalb Aktien. Der Bär ist das Gegenteil, er ist pessimistisch und erwartet sinkende Kurse. Deshalb gehört er zu den Verkäufern. Selbstverständlich kann ein Bär jederzeit zum Bullen werden. Sicher ist jedoch, daß stets nur einer recht hat.

Bundesbank
Ausgerechnet im Frankfurter Grundbuchbezirk »Im Diebesgrund« steht der Betonklotz der Deutschen Bundesbank. Dort fallen die großen Entscheidungen: »Zinsen müssen runter.« Der Bundesbankgewinn beläuft sich in einem guten Jahr auf 10 Milliarden DM; dies entspricht dem Gegenwert von 20 000 Wohnhäusern. Den Gewinn streicht der Finanzminister ein.

Call
Der Begriff Call kommt aus dem Optionsgeschäft und bezeichnet ein Wertpapier, mit dem wir auf steigende Kurse spekulieren. Das Gegenteil vom Call ist der Put. Er bezeichnet Wertpapiere, mit denen man auf sinkende Kurse spekuliert. Calls und Puts werden vorwiegend bei der Spekulation

mit Währungen gekauft, also beispielsweise im Dollar-Handel. Aber auch bei Spekulation auf steigende oder fallende Zinsen sind diese Papiere sehr beliebt.

Chart
Charts sind die »Fieberkurven« der Börse. Ein Chart ist die graphische Darstellung des Kursverlaufs einer Aktie. Wenn wir beispielsweise einen Zehnjahreschart von einer Aktie wie Coca-Cola betrachten, dann erkennen wir auf einen Blick, daß der Kurs dieser Aktie seit 10 Jahren kontinuierlich gestiegen ist. Betrachten wir dagegen den Kursverlauf der Automobilaktie VW, dann sehen wir, daß der Kurs seit Jahren Sprünge macht. Um einen langfristigen Überblick über eine Aktie zu bekommen, ist ein Chart unersetzlich. Er erspart uns den Vergleich von Hunderten von Zahlenkolonnen. Wir erkennen auf einen Blick, was bisher mit der Aktie los war. Zusätzlich haben wir die Möglichkeit, aufgrund des Kursverlaufs der Vergangenheit Rückschlüsse auf die künftige Entwicklung zu ziehen.

Crash
Mit Crash bezeichnen Börsianer einen außergewöhnlich starken Kursrückgang zum Aktienmarkt. Im Grunde genommen ist das Wort falsch, denn es signalisiert, daß etwas zu Boden fällt, zerbricht und kaputt ist. Und genau dies passiert an der Börse eben nicht. Da sich Aktien von guten Unternehmen bisher von jedem Rückschlag

wieder erholt haben und danach sogar neue Höchstkurse erreichten, sollte das Wort Crash im Börsengeschäft gar nicht mehr verwendet werden. Der letzte und größte »Börsencrash« fand im Jahr 1987 statt. An der Wall Street stürzten die Kurse um rund 30 Prozent ab. Als Folge sanken auch die Kurse an den anderen Weltbörsen, mit Ausnahme von Japan, drastisch. Dieser Kurssturz in den USA und Europa ging als »Jahrhundertcrash« durch die Presse. In Wirklichkeit war dieser Crash – zumindest in den USA – eine harmlose Angelegenheit. Berücksichtigt man, daß die Aktien in den ersten 10 Monaten des Jahres 1987 bereits um rund 30 Prozent gestiegen waren, so bedeutete der Crash für die meisten Aktionäre lediglich den Verlust der im bisherigen Jahresverlauf angehäuften Gewinne. Von einem echten Börsenverlust konnte im Jahr 1987 also gar nicht die Rede sein. Im Gegenteil: Die Kurse amerikanischer Aktien notierten am Jahresende sogar noch ein wenig höher als zu Jahresbeginn.

DAX
Abkürzung für Deutscher Aktien-Index. Der DAX zeigt den durchschnittlichen Kursverlauf der wichtigsten deutschen Aktien an. Er rückt an der Anzeigetafel im Frankfurter Börsensaal ständig ein Stückchen weiter nach rechts. Steigen die im Index enthaltenen Aktien, geht der Index nach oben, fallen die Aktien, wandert er nach unten. Wer wissen will, was sich an der Börse getan hat, braucht nur einen Blick auf den DAX zu werfen.

Depotkonto

So bezeichnet die Bank ein Konto, in dem der Kauf und Verkauf von Wertpapieren verwaltet wird. Wenn wir Aktien kaufen wollen, dann müssen wir bei der Bank ein Depotkonto eröffnen. Die Formalitäten sind dieselben wie bei einem Girokonto. Kaufen wir beispielsweise 100 VW-Aktien, dann wird der Gegenwert von unserem Girokonto abgebucht. In unserem Depotauszug erscheinen nach dem Kauf diese 100 VW-Aktien als Guthaben. Der Wert des Depots schwankt täglich, dem Kursverlauf der Aktien entsprechend.

Derivate

Derivate sind moderne Finanzinstrumente wie Optionen, Optionsscheine, Futures usw. Die Anlage in Derivaten ist spekulativ, was der Zusammenbruch der 200 Jahre alten britischen Traditionsbank Barings bewies. Anfang 1995 ging ein Bezirk in Kalifornien wegen eines Engagements in Derivaten pleite. Das führte zum Verlust von über 8000 Arbeitsplätzen.

Disagio

Zu deutsch: Abgeld. Das Gegenstück zu Agio (Aufgeld). Disagio kommt vor allem im Kreditgeschäft vor. Wir beantragen z. B. einen Kredit in Höhe von 100 000 DM. Dieser wird uns zu folgenden Konditionen angeboten: 7 Prozent Zinsen und 3 Prozent Disagio. Willigen wir ein, dann behält die Bank ein Disagio von 3 Prozent, bei 100 000 DM also 3000 DM, ein. Wir bekommen lediglich 97 000 DM ausbezahlt, müssen jedoch für 100 000 DM Zinsen bezahlen und auch die vollen 100 000 DM zurückbezahlen. Der Hauptgrund für ein Disagio ist die steuerliche Abzugsfähigkeit unter bestimmten Voraussetzungen.

Diskontsatz
Fast in jeder Wirtschaftssendung ist er ein Thema. Vor allem dann, wenn die Bundesbank den Diskontsatz nach oben oder unten verändert hat. Aber allein schon die Vermutung, daß es zu einer Änderung kommen könnte, sorgt an der Börse für Spekulationen. Der Diskontsatz ist der Zinssatz, den eine Bank zahlen muß, wenn sie sich bei der Bundesbank Geld leiht und dafür Wechsel als Sicherheit anbietet. Der Grund für die Nervosität bei den Spekulanten ist einfach: Jede Zinssenkung läßt die Anlage in festverzinslichen Papieren uninteressanter werden. Folglich fließt vermehrt Geld in die Aktien, was zu steigenden Kursen führt. Im Immobiliengeschäft ist der Diskontsatz deshalb wichtig, weil der Zinssatz Auswirkungen auf das Geschäft hat. Je niedriger die Zinsen, desto mehr Menschen können sich eine Immobilie leisten. Bei Zinsen von 10 Prozent und mehr, wie wir sie in Deutschland auch schon hatten, kommt dagegen der Immobilienmarkt fast zum Erliegen.

Dividende
Die Dividende ist der eigentliche Ertrag eines Aktionärs. Hierbei handelt es sich um den Teil des Jahresgewinns eines Unternehmens, der an die Aktionäre ausgezahlt wird. Die meisten Firmen versuchen, unabhängig vom Ertrag, die jährliche Dividende möglichst konstant zu halten. Wer die Dividendenrendite errechnen will, muß die Dividende in Relation zum aktuellen Aktienkurs setzen. Allerdings gibt es keine Gewähr, daß die Dividende auch in Zukunft gezahlt wird, da es sich um eine Gewinnausschüttung handelt. Sollte kein Gewinn erzielt werden, kann die Dividende auch ausfallen.

Emerging Markets
Emerging Markets sind aufstrebende Märkte in Schwellenländern. Dazu gehören fast alle Länder in Südostasien, China, Indien, aber auch die neuen Länder in Osteuropa wie Tschechien oder Polen. Investitionen in diesen Ländern sind oft riskant, da die jeweilige politische Situation und Währung noch instabil sind und zu heftigen Kursverlusten führen können.

Freiverkehr
Eine Abteilung der Börse, an der Aktien gehandelt werden. Im Gegensatz zum »amtlichen Handel« werden im Freiverkehr meist die Aktien von kleineren Unternehmen gehandelt. Auch viele Auslandskonzerne, die das aufwendige Zulassungsverfahren für den amtlichen Handel vermeiden

wollen, lassen ihre Aktien häufig im Freiverkehr handeln. Da im Freiverkehr oft nur geringe Umsätze erzielt werden, sollte der Anleger bei Kauf- oder Verkaufsaufträgen ein sogenanntes Limit erteilen. In welcher Abteilung die einzelnen Aktien gehandelt werden, steht im Kursteil der Tageszeitung.

Fundamentale Analyse
Sie ist die klassische Methode, um festzustellen, ob die Aktien eines Unternehmens kaufenswert sind oder nicht. Wie der Name schon sagt, richtet sie sich vor allem nach fundamentalen Daten des Geschäftsberichts, z. B. Umsatz, Gewinn oder Dividende. Das Gegenteil der fundamentalen Analyse ist die Chartanalyse. Häufig werden beide Analysemethoden kombiniert.

Geld und Brief
Hierbei handelt es sich um zwei Begriffe aus dem Kursteil der Tageszeitung. Wenn Sie sich die Aktienkurse genau anschauen, dann finden Sie hinter dem Betrag oft noch die Zeichen »G« oder »B«. Das liest sich dann so: »Boss DM 2000, G.«. Das Kürzel »G« steht für Geld und bedeutet, daß an dem jeweiligen Börsentag zwar Käufer mit Geld vorhanden waren, die Boss-Aktien kaufen wollten, da dem jedoch nicht genügend Verkäufer gegenüberstanden, gab es nur einen sogenannten Geld-Kurs. Das heißt: Kaufinteressenten von Boss können nur auf den nächsten Börsentag hoffen. Das Gegenstück zu »G« ist das Kürzel »B«. »B«

steht für Brief und bedeutet: Hier wollten einige Anleger Aktien verkaufen, fanden jedoch an diesem Tag nicht genügend Käufer. Diese Kurszusätze findet man meist bei solchen Unternehmen, bei denen relativ wenig Aktien im Umlauf sind, da die meisten Papiere bei einem Großaktionär in festen Händen liegen.

Geldmenge

Im Grund genommen sagt dieser Begriff selbst, was er bedeutet. Es handelt sich um die Summe des gesamten Bargeldbestandes eines Landes. Dazu gehören Geldscheine, Münzen, das heißt alles, was wir im Geldbeutel, aber auch auf dem Girokonto oder Sparbuch haben. Die Gesamthöhe der Geldmenge ist der Anhaltspunkt für die zu erwartende Inflationsrate und somit auch ein Anhaltspunkt für die künftige Zinsentwicklung. Aus diesem Grund ist die Geldmenge für Börsenspekulanten ein wichtiger Indikator.

Geregelter Markt

Eine Abteilung des Börsenhandels ist der »geregelte Markt«. Während der amtliche Handel die größten Zulassungsvorschriften kennt und der Freiverkehr der einfachste Weg ist, Aktien an der Börse zu handeln, ist der »geregelte Markt« ein Mittelding. Im amtlichen Handel sind neben dem Jahresbericht der Unternehmen auch Zwischenberichte für Aktionäre Vorschrift, was im geregelten Markt nicht der Fall ist. Deswegen werden im geregelten Markt vorwiegend mittelgroße Unternehmen gehandelt, denen der Aufwand und die Kosten des amtlichen Handels zu hoch sind.

Hausse

Die Hausse ist das Gegenteil der Baisse. Wenn Aktien über einen längeren Zeitraum kontinuierlich steigen, dann sprechen die Börsianer von einer Hausse, wenn die Kurse fallen, von einer Baisse.

Hypothek

Den Begriff Hypothek gibt es nur noch im Volksmund, jedoch nicht mehr in der Praxis. Er wurde ersetzt durch den Begriff Grundschuld. In der Sache hat sich nichts geändert: Wenn wir zur Finanzierung einer Immobilie einen Bankkredit beanspruchen, dann läßt die Bank als Sicherheit eine Grundschuld (früher: Hypothek) in das Grundbuch eintragen. Sollten wir unseren Ratenzahlungen nicht nachkommen und alle anderen Vereinbarungen versagen, dann kann die Bank aufgrund dieser Grundschuld das Immobilienobjekt versteigern lassen und aus dem Erlös den Kredit tilgen.

IBIS

IBIS ist ein Kürzel aus dem Börsengeschäft und bedeutet Integriertes Börsenhandels- und Informationssystem. Es handelt sich dabei um ein computergesteuertes Handelssystem für Aktien. IBIS ermöglicht den ganztägigen Börsenhandel per Bildschirm. Längerfristig wird der Computerhandel wohl die klassischen Makler ersetzen. Am IBIS-Handel nehmen besonders Banken und Makler teil. Mittlerweile sind dem System über 2000 Kreditinstitute angeschlossen.

Immobilienmakler

Maklerfirmen vermitteln überwiegend Kaufverträge über gebrauchte Immobilien, während Neubauobjekte meist vom Bauträger direkt angeboten werden. Bei der Vermittlung eines Kaufvertrages durch einen Immobilienmakler fallen Maklergebühren an, die in den einzelnen Bundesländern sehr verschieden sind. In Süddeutschland sind im Erfolgsfall Gebühren von jeweils 3 Prozent für den Käufer und den Verkäufer üblich. Aber auch individuelle Vereinbarungen sind möglich. Die Mehrzahl der Kaufverträge für gebrauchte Immobilien wird hierzulande längst von gewerblichen Maklern vermittelt. Vor allem in Süddeutschland sind in den letzten 10 Jahren die Banken und Sparkassen stark in das Immobiliengeschäft eingestiegen – fast kein Geldhaus, das nicht eine eigene Immobilienabteilung besitzt. Den Geldinstituten geht es dabei um die Erzielung von Vermittlungsprovisionen, aber vor allem auch um die Finanzierung der vermittelten Objekte.

Index

Um auf einen Blick zu erkennen, wie der durchschnittliche Kursverlauf der Aktien eines Landes oder einer Branche ist, gibt es den Index. Er erspart uns die Mühe, den Kurs einzelner Aktien nachzurechnen. Der bekannteste Aktienindex in Deutschland ist der DAX, in den USA der Dow Jones und in Japan der Nikkei. Außer dem pauschalen Länderindex gibt es Indizes für Branchen, also beispielsweise einen Automobilindex. Dieser zeigt uns den durchschnittlichen Kursverlauf aller Automobilaktien des jeweiligen Landes. Für einen Anleger, der viele Aktien im Depot hat, ist es sehr beruhigend, wenn er in den Nachrichten hört, daß der Aktienindex um, sagen wir, 1 Prozent gestiegen ist. Auch wenn er damit noch nichts über den Kursverlauf seiner Aktien weiß, so sieht er doch, daß an der Börse insgesamt nichts Beunruhigendes passiert ist.

Inflation
Wenn mehr Geld als Ware vorhanden ist, dann kommt es zu einer steigenden Inflationsrate. Beispiel: Wollen mehr Menschen eine Immobilie kaufen, als Immobilien gebaut werden, steigen die Preise. Besteht für Autos eine große Nachfrage und kommt es dadurch zu langen Lieferzeiten, dann werden ebenfalls die Preise erhöht, das heißt, die Inflationsrate steigt. Man bekommt letztlich für sein Geld immer weniger Gegenwert. Von einer steigenden Inflation profitieren vor allem solche Menschen, die hohe Kredite, z. B. für Immobilien, aufgenommen haben.

KISS
Dieser Begriff aus dem Börsengeschäft hat wenig

mit dem englischen Wort kiss (Kuß) zu tun. KISS ist das Kürzel für das Kurs-Informations- und Service-System, das im Börsensaal die Wertpapierhändler laufend über den aktuellen Stand der Kurse informiert. Die Sekretärinnen der Börsenmakler tippen ständig alle aktuellen Kurse in den Computer ein. Auf den Bildschirmen in Deutschland erscheinen dann in Sekundenschnelle die Namen der Aktien mit dem aktuellen Kurs, der soeben durch Geschrei zwischen den Händlern ausgehandelt wurde.

Mietspiegel
Amtliche Preisliste über die am Ort tatsächlich gezahlte Miete. Einen Mietspiegel gibt es in fast allen größeren Städten. Er wird in der Regel vom örtlichen Mieter- und Hausbesitzerverein in Zusammenarbeit mit der Stadtverwaltung erstellt. Basis ist eine Befragung von Mietern, die in den letzten 3 Jahren einen Mietvertrag abgeschlossen haben. Die Mieten des Mietspiegels dürfen von den Vermietern nur bis zu maximal 20 Prozent überschritten werden, sonst macht man sich wegen Mietwuchers strafbar und muß die zuviel kassierte Miete zurückzahlen.

Nennwert
Ein Begriff aus dem Aktiengeschäft. Hierbei handelt es sich um den Betrag, der auf der Aktie aufgedruckt ist. Er sagt aus, mit welcher Summe wir als Aktionäre am Grundkapital des Unternehmens beteiligt sind. Der Nennwert beträgt bei

deutschen Aktien meist 50 DM pro Stück. Immer mehr Gesellschaften gehen dazu über, den Nennwert auf 5 DM pro Aktie herabzusetzen. Damit werden die Aktien optisch billiger. Der Nennwert hat nichts mit dem Aktienkurs zu tun. Es gibt Bestrebungen, den Nennwert bei Aktien völlig abzuschaffen, da er keine Bedeutung für die Kursfindung hat.

Optionsgeschäfte
Optionen und Optionsscheine sind bei den Spekulanten hierzulande außergewöhnlich beliebt. In Deutschland werden an jedem Börsentag Optionsscheine im Wert zwischen 200 und 500 Millionen DM gehandelt. Den hohen Chancen stehen entsprechende Risiken gegenüber. Bis heute ist es noch keinem Anleger gelungen, mit solchen Anlagen auf Dauer Gewinne zu erzielen. Der beste Beweis hierfür sind Investmentfonds, die ausschließlich in diese Hebelpapiere investieren. Der bekannteste Fonds, der K&W Optionsscheinfonds, hat seit seiner Gründung im Jahr 1989 einen Verlust von über 50 Prozent zu verzeichnen.

Penny Stocks (Over-the-Counter-Aktien)
Dieser Börsenbegriff betrifft sogenannte Pfennig-Aktien. Dies sind Aktien, die meist nicht viel mehr als einen Dollar kosten. Die meisten Penny Stocks gibt es in den USA, Kanada und Australien. Amerikanische Pfennig-Aktien werden oft als OTC-Aktien bezeichnet, gemäß dem Namen der

amerikanischen Freiverkehrsbörse. Penny Stocks werden vorwiegend deutschen Anlegern angeboten, da hierzulande die Bereitschaft zum Kauf riskanter Aktien weltweit am größten ist. Entsprechend groß sind auch die Enttäuschungen.

Performance
Das neudeutsche Wort für Rendite. Die Performance sagt dem Anleger beispielsweise, wie gut eine Vermögensverwaltungsgesellschaft oder ein Investmentfonds gearbeitet haben.

Realzins
Unter Realzins versteht man die Verzinsung, die »real«, also nach Abzug der Inflationsrate vom tatsächlich gezahlten Zins, übrigbleibt. Nehmen wir die Festgeldanlage: Angenommen, wir haben einen Zins von 6 Prozent pro Jahr vereinbart. Wenn die Inflationsrate bei 3 Prozent liegt, verbleibt uns ein Realzins von 3 Prozent. Aber es kommt noch schlimmer: Zinseinnahmen müssen bekanntlich versteuert werden. Da der Bruttozins und nicht der Realzins versteuert wird, bleibt oft keine Realverzinsung mehr übrig.

Rendite
Auch Performance genannt. Der Begriff bezeichnet den Ertrag, den eine bestimmte Kapitalanlage bringt. Dazu gehören bei Aktien nicht nur Dividenden, sondern auch die Kursgewinne. Sehr wichtig ist, ob eine bestimmte Rendite steuerfrei ist (wie die Kursgewinne bei Aktien) oder ob Sie

versteuert werden muß (wie beispielsweise Anleihen oder Festgeld).

Schufa
Kürzel für Schutzgemeinschaft für allgemeine Kreditsicherung, eine Organisation, die ihren Mitgliedern, meist Banken, Informationen über die Bonität von Kreditnehmern gibt. Der Schufa werden zwar keine Immobilienkredite gemeldet, jedoch u. a. alle Kontoeröffnungen. Wer beispielsweise ein zweites Girokonto bei einer anderen Bank eröffnet, kann sicher sein, daß dies seiner Hausbank auf Anfrage mitgeteilt wird.

Small Caps
Einer der vielen Begriffe aus dem Börsengeschäft. Damit ist nichts anderes gemeint als Aktien kleinerer Gesellschaften. Mancher Börsianer bezeichnet diese Aktien aus der zweiten Reihe auch als Nebenwerte. Das Kursrisiko bei Small Caps ist meist höher als bei Blue Chips.

Spekulationssteuer
Eine Steuer, die es gar nicht gibt. Wer von Spekulationssteuer spricht, meint damit, daß »spekulativ« erzielte Gewinne bei Aktien, aber auch bei Immobilien steuerpflichtig sind. Im Aktiengeschäft fallen alle Gewinne darunter, die innerhalb von 6 Monaten zwischen Kauf und Verkauf realisiert wurden und die den Freibetrag von 1000 DM jährlich übersteigen. Gewinne, bei de-

nen die jeweilige Aktie länger als 6 Monate im Depot gehalten wurde, sind steuerfrei. Im Immobiliengeschäft beträgt die Frist 2 Jahre. Gewinne aus einem Immobilienverkauf innerhalb von 2 Jahren sind also steuerpflichtig. Verkäufe nach dieser Frist sind steuerfrei, sofern es sich um nicht mehr als 3 Objekte innerhalb von fünf Jahren handelt. Die Gewinne werden nicht mit einer Spekulationssteuer belegt, sondern dem normalen Einkommen zugerechnet und erhöhen somit die Einkommensteuer. Die Fristen für die Steuerpflicht von Gewinnen aus Aktien- und Immobilienverkäufen sollen demnächst geändert werden. Im Gespräch sind 2 Jahre für Aktien und 10 Jahre für Immobilien.

Stammaktie
Bezeichnung für die »klassische« Aktie. Wenn eine Aktiengesellschaft neu gegründet wird, dann werden normalerweise Stammaktien ausgegeben. Diese sichern nicht nur die anteilmäßige Beteiligung am Unternehmen, sondern auch ein Stimmrecht bei der Hauptversammlung. Die Alternative zur Stammaktie ist die Vorzugsaktie. Bei ihr besitzt der Aktionär denselben Unternehmensanteil, hat bei der Hauptversammlung jedoch kein Stimmrecht. Aus diesem Grunde sind Vorzugsaktien im Vergleich zu Stammaktien etwas billiger. Auch die Dividende ist bei den meisten Vorzugsaktien etwas höher als bei Stammaktien. Falls eine Gesellschaft Stamm- und Vorzugsaktien ausgegeben hat, werden im Kursteil der

Zeitung meist beide Kurse veröffentlicht. Bekanntes Beispiel: Volkswagen.

Stimmrecht
Der Besitzer von Stammaktien hat das Recht, bei der jährlichen Hauptversammlung abzustimmen. In erster Linie geht es hierbei um die Wahl des Aufsichtsrates, eines Gremiums, das den Vorstand bestimmt und diesen überwacht.

Technische Aktienanalyse
Eine weitere Möglichkeit, den Kursverlauf von Aktien zu prognostizieren, ist die technische Analyse, auch Chartanalyse genannt. Während sich der Analyst bei der oben besprochenen fundamentalen Analyse auf Bilanzdaten stützt, werden diese vom »Techniker« ignoriert. Ihn interessiert nur der Chart, also der Kursverlauf der jeweiligen Aktie. Ein einfaches Beispiel: Zeigt der Kursverlauf einer Aktie – wie etwa bei Coca-Cola – seit 20 Jahren nach oben, dann geht der Chartanalyst davon aus, daß die Aktie mit großer Wahrscheinlichkeit auch in Zukunft steigt. Er braucht daher keine Bilanzdaten zu wälzen oder Geschäftsbericht zu studieren.

Timing
Die Wahl des richtigen Timings, also des richtigen Zeitpunkts für Kauf und Verkauf von Wertpapieren, gilt als das schwierigste Unterfangen im Börsengeschäft. Nicht umsonst heißt es: »Lieber eine schlechte Aktie zum richtigen Zeitpunkt als

eine gute zum falschen«. Wem es gelingt, die großen Wendepunkte von Wirtschaft und Börse zu erraten oder zu erahnen, dem winken die größten Gewinne. Anderen Anlegern bleibt dann nur der Trost der Daueranlage, da Aktien auf lange Sicht ohnehin steigen. Wer Wachstumsaktien kauft, kann das Timing nahezu ignorieren. Die Kurse der großen internationalen Multis kennen seit Jahrzehnten nur eine Richtung: nach oben. Mit diesen Aktien ist jeder Anleger über kurz oder lang in der Gewinnzone, gleichgültig, wann er eingestiegen ist.

Trader
Bezeichnung für einen Vollblutspekulanten. Dieser versucht, durch schnelles Ausnutzen von kleinen Kursschwankungen meist innerhalb weniger Stunden oder Tage zahlreiche Kleingewinne zu erzielen, die sich am Monatsende zu einem erklecklichen Betrag addieren sollen. In der Praxis gelingt dies nur wenigen. Außerdem schließt der »Trader« von vornherein jede Chance auf einen großen Gewinn aus, weil er stets schnell verkauft. Vom Börsen-Altmeister André Kostolany stammt der Spruch: »Wer an der Börse das Kleine ehrt, ist das Große nicht wert.«

Turn-Around-Aktie
Hierunter versteht man Aktien, die eine lange Talfahrt hinter sich haben und bei denen jetzt die Chance auf eine Trendwende besteht, auf den »Turn-Around«. Wem es gelingt, das richtige Ti-

ming für eine solche Wende zu bestimmen, hat Aussicht auf die größten Börsengewinne überhaupt. Turn-Around-Aktien sind leider sehr gefährlich, da es sich fast immer um Unternehmen in kritischer Lage handelt (sonst wäre der Kurs nicht so stark gesunken). Irrt man sich, und es kommt nicht zur Wende, drohen bei solchen Aktien große Verluste – bis hin zum Totalverlust, falls das Unternehmen in Konkurs geht. Bekannte Beispiele sind Fokker und Bremer Vulkan. Diesen Aktien wurde jahrelang ein »Turn-Around« prophezeit, der nie eintrat.

Vorzugsaktie
Das Gegenstück zur Stammaktie. Auch als Vorzugsaktionär ist man Miteigentümer des Unternehmens, erhält Dividende und kann die Hauptversammlung besuchen. Man hat lediglich kein Stimmrecht. Dafür sind Vorzugsaktien stets billiger als Stammaktien. Bei gleich hoher Dividende errechnet sich dadurch bei Vorzugsaktien oft eine höhere Dividendenrendite.

Zyklische Aktien
Aktien lassen sich in 3 Gruppen einteilen: 1. Wachstumsaktien, die langfristig nur steigen; 2. zyklische Aktien, die stark von der Konjunktur abhängig sind (Autoindustrie z. B.), und 3. spekulative Aktien, die stark gesunken sind, jedoch hohe Gewinnchancen haben, aber bei denen auch Totalverlust droht. Zyklische Aktien eignen sich nicht zum Kaufen und Liegenlassen, sondern

sind ideale Papiere für den aktiven Börsianer, der gerne häufig kauft und verkauft.

Gutschein

Liebe Leserinnen und Leser,

wenn Sie mir schreiben, ein Fax schicken oder mich kurz anrufen, dann schicke ich Ihnen kostenlos die neueste Ausgabe von *Börse aktuell,* dem Informationsdienst des Stuttgarter Aktien-Clubs, sowie eine aktuelle Aufstellung meiner derzeit besten Anlageempfehlungen.

Heinz Weiler
Stuttgarter Aktien-Club e.V.
Martinstraße 4
73728 Esslingen
Tel. (0711) 35 47 11
Fax (0711) 35 92 06

Finanz- und Anlagestrategien

Viele Frauen fühlen sich bei einer Anlageberatung von den Banken und deren Mitarbeitern nicht ernst genommen. Zudem gilt das Thema Geldanlage immer noch als Männersache. Die Autorin erklärt in diesem Buch, was die Frau von heute im Umgang mit Geld beachten sollte und welche Fehler sie vermeiden kann.

Silvia Galda
Wie Frauen mehr aus ihrem Geld machen
Finanz- und Anlagestrategien
256 Seiten
Ullstein Taschenbuch 35702

Ullstein Taschenbuch